LA BIBLIA ORTODOXA ETIOPÍA

Un legado de fe y sabiduría que explora textos antiguos con relevancia moderna

Manasseh Rock Hector

Tabla de contenido

Tabla de contenido   2

INTRODUCCIÓN   1

Importancia de la Biblia ortodoxa etíope   1

CAPÍTULO 1   6

Orígenes de la Biblia ortodoxa etíope   6

    Un viaje a través del tiempo   6

    El proceso de canonización   12

    Comparación del canon etíope con otros cánones cristianos   18

CAPÍTULO 2   26

Libros únicos de la Biblia ortodoxa etíope   26

    El libro de Enoc   26

    El libro de los jubileos   31

    El Libro del Pacto   37

CAPÍTULO 3   44

Lengua, traducción y preservación   44

    El idioma Ge'ez   44

    Traductores y escribas   49

    Manuscritos y ediciones modernas   55

CAPÍTULO 4   62

Teología y enseñanzas espirituales en la Biblia ortodoxa etíope   62

    La naturaleza de Dios   62

    Cristología: comprensión del papel de Cristo en la tradición etíope   68

    Enseñanzas éticas: sabiduría para la vida moderna   75

CAPÍTULO 5   84

Rituales y uso litúrgico de la Biblia   **84**

La Biblia en el culto ortodoxo etíope   84

El papel de los salmos y los himnos en las devociones diarias   91

Fiestas y Festivales   98

CAPÍTULO 6   **106**

Impacto cultural e histórico   **106**

La influencia de la Biblia en el arte y la arquitectura etíopes   106

Narrativas bíblicas en las tradiciones orales y la literatura etíopes   112

Personajes históricos moldeados por la Biblia ortodoxa etíope   119

CAPÍTULO 7   **126**

La Biblia ortodoxa etíope y el cristianismo global   **126**

Una conexión con la iglesia primitiva   126

Influencia de las Escrituras etíopes en el cristianismo africano   132

El papel de la Biblia ortodoxa etíope en los diálogos ecuménicos   140

CAPÍTULO 8   **150**

Desafíos y relevancia moderna   **150**

Preservación en medio de la globalización   150

La relevancia de la Biblia etíope para la espiritualidad moderna   157

Uniendo la sabiduría antigua con la fe contemporánea   164

CONCLUSIÓN   **174**

La Biblia ortodoxa etíope como fuente universal de fe y sabiduría   **174**

INTRODUCCIÓN

Importancia de la Biblia ortodoxa etíope

El etíopeuna Biblia ortodoxa ocupa un lugar especial en el mundo del cristianismo, celebrada no sólo por su profundidad espiritual sino también por su composición única y su rico patrimonio cultural. Se considera uno de los cánones cristianos más antiguos y completos que existen y ofrece una ventana a los primeros días de la fe. A diferencia de las Biblias utilizadas en otras tradiciones cristianas, la Biblia ortodoxa etíope incluye libros adicionales, algunos de los cuales no se encuentran en otras versiones. Estos textos proporcionan una visión más profunda de las enseñanzas de la fe y reflejan las distintas perspectivas teológicas de la Iglesia Ortodoxa Etíope.

Los orígenes de la Biblia ortodoxa etíope están estrechamente ligados a la historia del cristianismo en Etiopía, una nación que abrazó la fe al principio de su historia. El cristianismo llegó a Etiopía en el siglo IV, lo que la convirtió en una de las primeras naciones del mundo en adoptar oficialmente la religión. Desde entonces, la Iglesia Ortodoxa Etíope ha preservado sus enseñanzas con gran cuidado, transmitiéndolas de generación en generación. La Biblia siempre ha estado en el corazón de esta tradición, sirviendo como guía espiritual y tesoro cultural.

Una de las características notables de la Biblia ortodoxa etíope es la inclusión de libros como el Libro de Enoc y el Libro de los Jubileos, que no se encuentran en la mayoría de los demás cánones cristianos. Estos textos ofrecen ideas únicas sobre el plan de Dios para la humanidad, la naturaleza de los ángeles y la historia temprana del mundo. Por ejemplo, el Libro de Enoc explora temas de la justicia divina y el papel de los ángeles en la vida humana, mientras que el Libro de los Jubileos proporciona una cronología detallada de los acontecimientos bíblicos desde la creación del mundo hasta la época de Moisés. Estos libros adicionales enriquecen el canon etíope, convirtiéndolo en una fuente de sabiduría e inspiración para quienes lo estudian.

La preservación de la Biblia ha sido una labor de amor para la Iglesia Ortodoxa Etíope. Escrito en el antiguo idioma ge'ez, ha sido cuidadosamente copiado a mano a lo largo de los siglos por devotos escribas. Estos manuscritos, a menudo adornados con bellas ilustraciones, no son sólo textos espirituales sino también obras de arte. Hoy en día, se encuentran disponibles ediciones modernas de la Biblia, pero la iglesia continúa honrando su tradición de preservación de manuscritos, asegurando que los textos sagrados sigan siendo accesibles para las generaciones futuras.

Más allá de su significado espiritual, la Biblia ortodoxa etíope también ha tenido un profundo impacto en la cultura etíope. Sus enseñanzas se reflejan en el arte, la música y la literatura del país, así como en sus fiestas y rituales. Las historias y lecciones de la Biblia continúan inspirando a los cristianos etíopes en su vida diaria, brindándoles orientación, consuelo y un sentido de propósito.

En un contexto global, la Biblia ortodoxa etíope sirve como puente entre el cristianismo antiguo y el mundo moderno. Su contenido e historia únicos ofrecen perspectivas valiosas para los cristianos de todas las denominaciones. Al estudiar esta notable Biblia, uno puede obtener una comprensión más profunda de la riqueza y diversidad de la fe cristiana, así como del poder perdurable de las Escrituras para moldear vidas y comunidades.

CAPÍTULO 1

Orígenes de la Biblia ortodoxa etíope

Un viaje a través del tiempo

El cristianismo etíope tiene una historia rica y fascinante que se remonta a los primeros siglos de la era cristiana. Su desarrollo está profundamente entrelazado con la cultura, la identidad y la vida espiritual del país, lo que lo convierte en una de las expresiones más singulares de la fe cristiana en el mundo. Comprender los orígenes del cristianismo etíope requiere explorar sus conexiones con las primeras tradiciones cristianas y cómo se convirtió en una herencia distinta con el tiempo.

Las raíces del cristianismo en Etiopía se remontan al siglo I. Según la tradición, una de las primeras introducciones de la fe cristiana en Etiopía se produjo a través del eunuco etíope mencionado en el Libro de los Hechos en el Nuevo Testamento. Este eunuco, alto funcionario de la corte de la reina Candace de Etiopía, fue bautizado por Felipe Evangelista tras leer al profeta Isaías en su viaje desde Jerusalén. Este momento a menudo se considera el comienzo de la presencia del cristianismo en Etiopía, lo que la marca como una de las primeras naciones en encontrar las enseñanzas de Cristo.

El cristianismo tomó un arraigo más firme en Etiopía en el siglo IV durante el reinado del rey Ezana, que gobernó el Imperio Aksumita. La conversión del rey Ezana al cristianismo fue un acontecimiento fundamental en la historia de Etiopía. Fue influenciado por Frumentius, un cristiano sirio que había sido capturado y llevado a la corte de Aksumita como esclavo. Frumencio se ganó el favor del rey y finalmente se convirtió en un consejero de confianza. Después de regresar a su tierra natal, Frumentius buscó la ordenación del

Patriarca de Alejandría y fue nombrado primer obispo de Etiopía. Su liderazgo ayudó a establecer el cristianismo como religión estatal, convirtiendo a Etiopía en una de las primeras naciones en abrazar oficialmente la fe.

El cristianismo etíope desarrolló su propia identidad a lo largo de los siglos, distinta de otras tradiciones cristianas. Uno de los factores más importantes de esta singularidad es la estrecha relación entre la Iglesia Ortodoxa Etíope y la Iglesia Copta de Egipto. Durante muchos siglos, la Iglesia etíope estuvo bajo la autoridad espiritual del Patriarca copto de Alejandría. Esta conexión ayudó a dar forma a la teología, la liturgia y las prácticas eclesiásticas etíopes, al tiempo que introdujo elementos de la tradición cristiana egipcia en Etiopía. Sin embargo, la Iglesia Ortodoxa Etíope también incorporó costumbres y tradiciones locales, lo que resultó en una mezcla distintiva de cristianismo y cultura etíope.

Una característica importante del cristianismo etíope es su profunda reverencia por la Biblia, que siempre ha sido fundamental para la fe. La Biblia ortodoxa etíope contiene un canon más amplio que el de la mayoría de las otras tradiciones cristianas, incluidos libros adicionales como el Libro de Enoc, el Libro de los Jubileos y el Libro de la Alianza. Estos textos brindan conocimientos únicos sobre la teología y la espiritualidad etíopes y reflejan el compromiso de la iglesia de preservar las tradiciones antiguas. Históricamente, la Biblia en Etiopía se ha escrito en el idioma ge'ez, una antigua lengua semítica que sigue siendo el idioma litúrgico de la iglesia hasta el día de hoy.

El cristianismo etíope también ha sido moldeado por su tradición monástica. El monaquismo ha desempeñado un papel crucial en la preservación de la fe, especialmente en tiempos de desafíos externos. Los monasterios sirvieron como centros de aprendizaje, práctica espiritual y preservación de manuscritos. Los monjes y monjas dedicaron sus vidas a la oración, el ayuno y el estudio de las Escrituras, asegurándose de que las enseñanzas de la fe se transmitieran de generación en generación. Muchos de estos monasterios, ubicados en zonas remotas y a menudo inaccesibles, permanecen activos hasta el día de hoy y se consideran lugares sagrados.

A lo largo de su historia, la Iglesia Ortodoxa Etíope ha enfrentado varios desafíos, incluidas invasiones, agitaciones políticas y presiones externas. A pesar de estas dificultades, ha seguido siendo un firme guardián del cristianismo etíope. Su resiliencia es un testimonio de la fe profundamente arraigada del pueblo etíope y su compromiso de preservar su herencia espiritual.

La iglesia también ha tenido un profundo impacto en la cultura etíope, influyendo en el arte, la música, la arquitectura y la literatura. El arte religioso, como los íconos y los murales, a menudo representa escenas bíblicas y santos en un estilo exclusivamente etíope. Las iglesias, como las famosas iglesias excavadas en la roca de Lalibela, son maravillas arquitectónicas y símbolos de la devoción espiritual de Etiopía. La música tradicional etíope, gran parte de la cual tiene sus raíces en prácticas litúrgicas, continúa inspirando y elevando al público tanto religioso como secular.

La influencia del cristianismo etíope se extiende más allá de sus fronteras y sirve de puente entre las tradiciones cristianas africanas y de Oriente Medio. Sus vínculos históricos con el cristianismo primitivo y su preservación de prácticas antiguas lo han convertido en un tema de interés para académicos y teólogos de todo el mundo. El legado perdurable de la Iglesia Ortodoxa Etíope nos recuerda la rica diversidad dentro de la comunidad cristiana global y las formas en que la fe puede adaptarse y florecer en diferentes contextos culturales.

Hoy en día, el cristianismo etíope continúa prosperando tanto en Etiopía como entre las comunidades de la diáspora en todo el mundo. La Iglesia Ortodoxa Etíope sigue siendo un pilar de la vida espiritual para millones de creyentes, ofreciendo orientación, esperanza y una conexión con una tradición antigua y profunda. Al explorar la historia del cristianismo etíope, se puede obtener una apreciación más profunda de su papel en la configuración no sólo del paisaje espiritual de Etiopía sino también de la historia más amplia de la fe cristiana.

El proceso de canonización

La canonización de la Biblia ortodoxa etíope es un proceso único y notable que refleja las profundas tradiciones espirituales y el contexto histórico del cristianismo etíope. A diferencia de otras tradiciones cristianas, la Iglesia Ortodoxa Etíope tiene un canon bíblico mucho más amplio, que incluye textos que no se encuentran en la mayoría de las otras versiones de la Biblia. Este proceso de compilación y reconocimiento de los libros de las Escrituras estuvo influenciado por una combinación de criterios teológicos, desarrollos históricos y la guía de los líderes de la iglesia que buscaban preservar las enseñanzas y tradiciones centrales de la fe.

La Biblia ortodoxa etíope incluye 81 libros, significativamente más que los 66 libros de la Biblia protestante o los 73 libros de la Biblia católica romana. Los textos adicionales incluyen el Libro de Enoc, el Libro de los Jubileos, el Libro de la Alianza y varios otros que se consideran sagrados e inspirados por Dios. La inclusión de estos libros resalta el compromiso de la Iglesia etíope de preservar las antiguas tradiciones judías y paleocristianas que estaban profundamente arraigadas en su historia cultural y religiosa.

El proceso de canonización comenzó durante los primeros siglos del establecimiento del cristianismo en Etiopía. Los líderes, teólogos y eruditos de la Iglesia desempeñaron un papel esencial en la identificación y afirmación de los libros que se incluirían en la Biblia. Se basaron en varios criterios para determinar si un texto debía considerarse canónico. Uno de los criterios más importantes era la autoridad apostólica, lo que significaba que el libro debía estar conectado con las enseñanzas o tradiciones de los apóstoles u otras figuras tempranas de la fe. Se dio especial consideración a los textos que se creía que habían sido divinamente inspirados y consistentes con las enseñanzas de Jesucristo y los apóstoles.

Otro factor clave fue el uso generalizado del texto en las prácticas litúrgicas y su aceptación por parte de la comunidad cristiana etíope en general. Si un libro se leía y usaba regularmente en el culto, era más probable que se incluyera en el canon. La Iglesia Ortodoxa Etíope valoraba los textos que eran espiritualmente edificantes, doctrinalmente sólidos y relevantes para la vida de los creyentes. Este enfoque práctico aseguró que la Biblia siguiera siendo un documento vivo, profundamente integrado en la vida espiritual de la comunidad.

El proceso de canonización en Etiopía también estuvo influenciado por la conexión de la iglesia con las primeras tradiciones judías. Muchos de los libros adicionales de la Biblia ortodoxa etíope, como el Libro de Enoc y el Libro de los Jubileos, tienen fuertes vínculos con la literatura judía antigua. Estos textos fueron preservados y venerados por los cristianos etíopes porque proporcionaron importantes conocimientos sobre los fundamentos de la fe y enriquecieron la comprensión del plan de Dios para la humanidad. El aislamiento geográfico y cultural de la Iglesia etíope le permitió mantener estas tradiciones incluso cuando se perdieron o se les restó importancia en otras comunidades cristianas.

Los concilios eclesiásticos y las reuniones de líderes religiosos desempeñaron un papel crucial en el reconocimiento formal del canon bíblico. Estos concilios examinaron cuidadosamente los textos, considerando su contenido teológico, autenticidad histórica y significado espiritual. La participación de la jerarquía eclesiástica aseguró que el proceso de canonización estuviera guiado por el discernimiento en la oración y la adhesión a los principios fundamentales de la fe.

Uno de los aspectos más notables de la Biblia ortodoxa etíope es su divergencia con otros cánones cristianos. Si bien muchas tradiciones cristianas limitaron su canon bíblico durante los primeros siglos de la iglesia, la Iglesia Ortodoxa Etíope adoptó una colección más amplia de textos. Esta divergencia refleja el desarrollo independiente de la iglesia y su fuerte compromiso de preservar las antiguas raíces de la fe. También subraya la diversidad dentro del cristianismo y las formas en que las diferentes comunidades han entendido y practicado su fe.

La preservación de estos libros adicionales fue posible gracias a las circunstancias históricas y culturales únicas de Etiopía. El relativo aislamiento del país de otras partes del mundo cristiano permitió a la Iglesia Ortodoxa Etíope desarrollar sus propias tradiciones e interpretaciones sin una influencia externa significativa. Esta independencia contribuyó a la inclusión de textos que podrían haber sido excluidos o perdidos en otros contextos cristianos.

El proceso de canonización de la Biblia ortodoxa etíope no fue un evento único sino un viaje gradual y continuo que abarcó siglos. Implicó un profundo respeto por las Escrituras, un compromiso de preservar las enseñanzas de la fe y un reconocimiento de la importancia de la tradición y la comunidad. Al incluir una amplia gama de textos, la Iglesia Ortodoxa Etíope creó una Biblia que refleja la riqueza y complejidad de su herencia espiritual.

Hoy en día, la Biblia ortodoxa etíope continúa inspirando y guiando a millones de creyentes. Su canon único ofrece una comprensión más profunda de la fe y una conexión con las antiguas tradiciones que han dado forma al cristianismo etíope. El proceso de canonización demuestra la dedicación de la iglesia a preservar la integridad de las Escrituras y su papel como fundamento espiritual para el pueblo etíope. A través de esta sagrada colección de libros, la Iglesia Ortodoxa Etíope comparte su legado de fe, sabiduría y devoción con el mundo.

Comparación del canon etíope con otros cánones cristianos

La Biblia ortodoxa etíope es uno de los cánones más completos y únicos del cristianismo. Incluye 81 libros, significativamente más que otras Biblias cristianas, como la Biblia protestante con 66 libros y la Biblia católica romana con 73 libros. Este canon ampliado refleja las perspectivas teológicas y el desarrollo histórico distintivos de la Iglesia Ortodoxa Etíope, arraigados tanto en las antiguas tradiciones judías como en las primeras enseñanzas cristianas. Explorar estas diferencias no sólo resalta la riqueza del canon etíope, sino que también arroja luz sobre las diversas formas en que las comunidades cristianas han preservado e interpretado las Escrituras.

Una de las características más llamativas de la Biblia ortodoxa etíope es la inclusión de textos adicionales que no se encuentran en otros cánones cristianos. Entre ellos se encuentran el Libro de Enoc, el Libro de los Jubileos y el Libro de la Alianza, así como varios otros escritos que tienen importancia teológica e histórica. El Libro de Enoc, por ejemplo, es un antiguo texto judío que proporciona relatos detallados de visiones celestiales, la caída de los ángeles y profecías sobre la venida del Mesías. Aunque se hace referencia a él en la carta de Judas del Nuevo Testamento, el Libro de Enoc no está incluido en la mayoría de las demás Biblias cristianas. En la Iglesia Ortodoxa Etíope, sin embargo, se considera una escritura inspirada y es profundamente venerada por sus conocimientos espirituales y mensajes proféticos.

El Libro de los Jubileos, otra inclusión distintiva, ofrece un recuento ampliado de los acontecimientos del Génesis y el Éxodo. Enfatiza la observancia del sábado, el papel de los ángeles y la importancia de las leyes del pacto. Este texto es muy valorado en el canon etíope por su conexión con las primeras tradiciones judías y su enfoque en el orden divino y el tiempo sagrado. El Libro del Pacto, exclusivo de la Biblia etíope, proporciona más orientación sobre las prácticas espirituales y la ética comunitaria, lo que refleja el compromiso de la iglesia de preservar un registro completo de las enseñanzas de Dios.

Por el contrario, otros cánones cristianos, como la Biblia protestante, tienen un alcance más limitado. La tradición protestante, que surgió durante la Reforma, adoptó el Tanaj judío como su Antiguo Testamento, excluyendo textos adicionales que se encuentran en la Septuaginta, una traducción griega de las escrituras hebreas. Como resultado, libros como Tobías, Judit, La Sabiduría de Salomón y 1 y 2 Macabeos, que están incluidos en las Biblias católica romana y ortodoxa oriental, están ausentes del canon protestante. La decisión de simplificar el canon estuvo influenciada por preocupaciones teológicas sobre la autenticidad e inspiración de estos textos, así como por el deseo de alinearse con las escrituras hebreas utilizadas por las comunidades judías.

La Biblia católica romana, aunque es más amplia que el canon protestante, no incluye toda la gama de textos que se encuentran en la Biblia ortodoxa etíope. El canon católico incluye los libros deuterocanónicos, que la Iglesia católica reconoce como escrituras pero los protestantes los consideran apócrifos. Estos libros, como Baruc y Sirach, brindan valiosas enseñanzas sobre sabiduría, moralidad y fe, pero no son tan extensos como los textos adicionales conservados por la tradición etíope.

Las implicaciones teológicas de estas diferencias en el canon son profundas. El alcance más amplio de la

Biblia ortodoxa etíope ofrece una narrativa más rica y detallada de la relación de Dios con la humanidad, incorporando ideas de la literatura apocalíptica judía y los primeros escritos cristianos. Este canon ampliado enfatiza temas como la justicia divina, la interacción entre el cielo y la tierra y la importancia de mantener la fidelidad al pacto. Estos elementos contribuyen a una teología que está profundamente arraigada tanto en las tradiciones históricas como en la experiencia espiritual.

La inclusión de textos como el Libro de Enoc también da forma a la comprensión que tiene la Iglesia Ortodoxa Etíope de los ángeles, la guerra espiritual y el fin de los tiempos. Por ejemplo, los relatos detallados de la actividad angelical y el juicio de los ángeles caídos en el Libro de Enoc resuenan fuertemente dentro de la teología etíope, reforzando el énfasis de la iglesia en las realidades espirituales que influyen en la vida humana. De manera similar, las enseñanzas morales y éticas del Libro de los Jubileos y del Libro del Pacto proporcionan una base para el énfasis de la iglesia en vivir una vida santa y disciplinada.

El canon único de la Biblia ortodoxa etíope también subraya la conexión de la iglesia con las antiguas tradiciones judías. Muchos de los textos adicionales reflejan una cosmovisión judía y probablemente se conservaron debido a los vínculos históricos de Etiopía con el judaísmo. Estos vínculos son evidentes en la afirmación etíope de ser descendiente de la reina bíblica de Saba y del rey Salomón, así como en la presencia de Beta Israel, una comunidad judía en Etiopía. La inclusión de estos textos por parte de la Iglesia Ortodoxa Etíope resalta su papel como puente entre el judaísmo y el cristianismo, preservando aspectos de la herencia judía que se perdieron o se les restó importancia en otras tradiciones cristianas.

Si bien las diferencias en el canon pueden parecer divisivas, también ilustran la diversidad y adaptabilidad del cristianismo. El canon de cada tradición refleja su contexto histórico, prioridades teológicas e influencias culturales. La Biblia ortodoxa etíope, con su enfoque amplio e inclusivo, proporciona una perspectiva única sobre la fe y ofrece ideas que enriquecen a la comunidad cristiana en general.

Al comparar la Biblia ortodoxa etíope con otros cánones cristianos, queda claro que las Escrituras no son una colección de textos estática o uniforme, sino una tradición dinámica y viva. La dedicación de la Iglesia etíope a preservar su canon único demuestra su profundo respeto por la palabra de Dios y su compromiso de mantener una conexión con las antiguas raíces de la fe. Esta diversidad de cánones invita a los cristianos de todo el mundo a explorar la riqueza de su herencia compartida y a apreciar las muchas maneras en que el mensaje de Dios ha sido revelado y preservado a lo largo de la historia.

CAPÍTULO 2

Libros únicos de la Biblia ortodoxa etíope

El libro de Enoc

El Libro de Enoc es uno de los textos más fascinantes y espiritualmente ricos incluidos en la Biblia ortodoxa etíope. Esta antigua obra judía se atribuye a Enoc, una figura del Libro del Génesis que se describe caminando estrechamente con Dios y siendo llevado al cielo sin experimentar la muerte. Venerado por su contenido místico, el Libro de Enoc ocupa un lugar único en el cristianismo etíope y continúa inspirando fe y curiosidad.

El Libro de Enoc consta de varias secciones, cada una de las cuales aborda diferentes temas y verdades espirituales. Estas secciones incluyen el Libro de los Vigilantes, el Libro de las Parábolas, el

Libro Astronómico, el Libro de las Visiones oníricas y la Epístola de Enoc. Juntos, forman una narrativa cohesiva que explora los misterios celestiales, el juicio divino y el papel de la justicia en la vida humana. El Libro de los Vigilantes es quizás la parte más conocida, y detalla la caída de un grupo de ángeles que descendieron a la tierra y violaron los límites divinos al enseñar a los humanos conocimientos prohibidos y tomar esposas humanas. Se dice que estos ángeles caídos, conocidos como Vigilantes, corrompieron a la humanidad, lo que provocó el eventual diluvio durante la época de Noé.

Uno de los temas clave del Libro de Enoc es la lucha entre el bien y el mal. El texto describe vívidamente las consecuencias de la desobediencia a Dios y la batalla en curso entre las fuerzas de la justicia y la maldad. Los ángeles caídos son juzgados por Dios por sus transgresiones y sus acciones sirven como advertencia sobre los peligros del orgullo y la rebelión. Este tema resuena profundamente en la tradición ortodoxa etíope, que enfatiza la importancia de vivir una vida santa y recta de acuerdo con la voluntad de Dios.

El Libro de Enoc también analiza el concepto de juicio divino y el destino final de la humanidad. Profetiza un tiempo en el que Dios establecerá la justicia, castigará a los malvados y recompensará a los justos. Esta visión de un Dios justo y misericordioso ofrece esperanza y aliento a los creyentes, recordándoles que su fe y sus acciones no pasarán desapercibidas. La Iglesia Ortodoxa Etíope valora este mensaje, ya que se alinea con sus enseñanzas sobre la rendición de cuentas y la importancia de la integridad moral.

Otro aspecto importante del Libro de Enoc son sus descripciones detalladas de los cielos, los ángeles y el orden cósmico. El texto ofrece una visión del reino espiritual, describiendo la organización de los cielos, los roles de varios seres angelicales y los ciclos del sol, la luna y las estrellas. Estos relatos revelan la majestuosidad y complejidad de la creación de Dios, inspirando asombro y reverencia. La tradición ortodoxa etíope abraza esta perspectiva mística y la ve como una forma de profundizar la comprensión de la grandeza de Dios y la interconexión de toda la creación.

También es digno de mención la importancia histórica del Libro de Enoc. Fue ampliamente leído y respetado en las comunidades judía y cristiana primitiva antes de perder gradualmente el favor de otras tradiciones cristianas. Se cree que el texto influyó en el Nuevo Testamento, particularmente en los escritos de Judas, 2 Pedro y Apocalipsis, que contienen referencias y temas paralelos a los del Libro de Enoc. A pesar de su exclusión de la mayoría de los demás cánones cristianos, la Iglesia Ortodoxa Etíope conservó el Libro de Enoc como parte de sus sagradas escrituras, asegurando que sus profundas enseñanzas y perspectivas únicas no se perdieran en la historia.

Una de las razones por las que el Libro de Enoc sigue siendo fundamental para la Biblia ortodoxa etíope es su enfoque en la revelación divina y el papel de la profecía. Enoc es representado como un hombre justo elegido por Dios para recibir visiones del futuro y conocimientos sobre los misterios celestiales. Estas revelaciones subrayan la importancia de la fidelidad y la obediencia a los mandamientos de Dios. La Iglesia Ortodoxa Etíope ve el ejemplo de Enoc como un modelo para los creyentes, animándolos a buscar una relación más estrecha con Dios y a permanecer firmes en su camino espiritual.

La preservación del Libro de Enoc dentro de la tradición ortodoxa etíope refleja el profundo compromiso de la iglesia con sus raíces antiguas y su comprensión única de las Escrituras. El texto no es simplemente un documento histórico sino un testimonio vivo de la fe y los valores de la comunidad ortodoxa etíope. Sirve como fuente de inspiración, guía a los creyentes en su búsqueda de la santidad y les recuerda las verdades eternas reveladas por Dios.

A través de su exploración de reinos espirituales, lecciones morales y justicia divina, el Libro de Enoc continúa cautivando y desafiando a los lectores. Su inclusión en la Biblia ortodoxa etíope resalta la riqueza y diversidad de las Escrituras cristianas y ofrece ideas que profundizan el aprecio del plan de Dios para la humanidad. Al preservar y valorar este notable texto, la Iglesia Ortodoxa Etíope ha brindado una ventana a un mundo de fe, misterio y asombro que continúa resonando a través de generaciones.

El libro de los jubileos

El Libro de los Jubileos, a menudo denominado el "Génesis Menor", es una obra importante de la Biblia ortodoxa etíope. Es único por su recuento de eventos bíblicos con detalles y explicaciones adicionales, ofreciendo una nueva perspectiva de las historias que se encuentran en el Libro del Génesis y partes del Éxodo. Es muy valorado por su enfoque en la historia divina, su estructura clara basada en una cronología de jubileos y sus profundos conocimientos teológicos.

El Libro de los Jubileos se presenta como una revelación dada a Moisés en el monte Sinaí. Según su narrativa, Dios proporciona a Moisés una historia completa del mundo, desde la creación hasta la promulgación de la ley, dividida en jubileos o períodos de 49 años. Esta línea de tiempo ofrece una manera de entender la historia como se desarrolla de acuerdo con un plan divino. El concepto de jubileos resalta la importancia del tiempo en el plan de Dios, enseñando que todos los eventos ocurren según la voluntad de Dios y en el momento correcto.

Un enfoque importante del Libro de los Jubileos es el pacto entre Dios y la humanidad. Enfatiza la relación especial que Dios tiene con su pueblo elegido, comenzando con Abraham y continuando a través de sus descendientes. El texto amplía las promesas y responsabilidades del pacto, destacando la importancia de la obediencia y la fidelidad. Enseña que vivir según las leyes de Dios es fundamental para mantener una relación con él. Este mensaje es especialmente significativo en la tradición ortodoxa etíope, donde la alianza se considera un principio rector de la vida espiritual.

El Libro de los Jubileos es conocido por su recuento detallado de historias del Génesis. Por ejemplo, proporciona relatos ampliados de Adán y Eva, Noé y el diluvio, el viaje de Abraham y la familia de Jacob. Estos recuentos a menudo incluyen lecciones morales y reflexiones teológicas, que ayudan a los lectores a comprender el significado de estos eventos en el plan de Dios. Los detalles adicionales también hacen que las historias sean más vívidas y identificables, ofreciendo información sobre las vidas y luchas de los personajes bíblicos. Tanto para niños como para adultos, estas narrativas enriquecidas brindan una forma atractiva de aprender sobre la historia bíblica.

Una de las características únicas del Libro de los Jubileos es su énfasis en el papel de los ángeles en la historia humana. El texto describe cómo los ángeles participaron en la creación, sirvieron como mensajeros de la voluntad de Dios y desempeñaron un papel en la guía de la humanidad. Representa a los ángeles como participantes activos en el plan de Dios, enfatizando su importancia para mantener el orden de la creación. Este enfoque en los ángeles ayuda a los lectores a apreciar el reino espiritual y su conexión con la vida terrenal.

Otro tema importante en el Libro de los Jubileos es la observancia de los días santos y las leyes dadas por Dios. El texto proporciona instrucciones específicas sobre cómo guardar el sábado, celebrar fiestas y vivir según los mandamientos de Dios. Destaca que estas prácticas no son sólo actos de obediencia sino también formas de honrar a Dios y fortalecer la fe. La Iglesia Ortodoxa Etíope defiende estas enseñanzas y las considera esenciales para el crecimiento espiritual y la vida comunitaria.

La reflexión teológica es un aspecto clave del Libro de los Jubileos. Presenta una visión de la historia centrada en el propósito de Dios para la humanidad. El texto enseña que el plan de Dios es justo y misericordioso y ofrece esperanza a quienes siguen sus caminos. También aborda preguntas sobre el pecado, el arrepentimiento y la redención, mostrando cómo la gracia de Dios está disponible para todos los que la buscan. Estas enseñanzas resuenan profundamente con la fe ortodoxa etíope, que enfatiza la importancia de comprender y vivir de acuerdo con la voluntad de Dios.

El Libro de los Jubileos también incluye advertencias sobre las consecuencias de la desobediencia y el pecado. Describe cómo alejarse de Dios conduce al sufrimiento y a la separación de sus bendiciones. Sin embargo, también ofrece esperanza al mostrar que el arrepentimiento y el regreso a los caminos de Dios pueden restaurar la relación entre la humanidad y el Creador. Este equilibrio entre advertencia y esperanza hace que el Libro de los Jubileos sea una herramienta poderosa para enseñar lecciones morales y espirituales.

La preservación del Libro de los Jubileos en la Biblia ortodoxa etíope refleja el compromiso de la iglesia con su herencia antigua y su comprensión única de las Escrituras. Al incluir este texto, la Iglesia Ortodoxa Etíope proporciona un rico recurso para explorar la profundidad del plan de Dios para la humanidad. El Libro de los Jubileos ofrece ideas que son atemporales y relevantes, y ayudan a los creyentes a crecer en su fe y comprensión.

A través de su narrativa de la historia divina, su énfasis en el pacto y su enfoque en vivir de acuerdo con las leyes de Dios, el Libro de los Jubileos sirve como guía para aquellos que buscan alinear sus vidas con la voluntad de Dios. Recuerda a los lectores que la historia no es aleatoria sino que es parte de un propósito más amplio diseñado por Dios. Para los niños, las familias y las comunidades, este mensaje de esperanza, responsabilidad y orden divino continúa inspirando y guiando a generaciones en su camino de fe.

El Libro del Pacto

El Libro de la Alianza es un texto profundo que se encuentra en la Biblia ortodoxa etíope, valorado por sus ricas enseñanzas sobre ética, moralidad y los fundamentos de una vida dedicada a Dios. Este libro proporciona orientación sobre cómo las personas y las comunidades pueden alinear sus acciones y decisiones con los principios divinos, convirtiéndolo en una piedra angular para comprender la ética cristiana primitiva.

El Libro de la Alianza describe la idea de que el comportamiento moral está profundamente arraigado en la relación entre los humanos y Dios. Enfatiza que la vida ética no se trata simplemente de seguir reglas, sino que es una forma de expresar gratitud y devoción al Creador. El texto retrata a Dios como un guía amoroso y justo que proporciona leyes para ayudar a su pueblo a llevar una vida plena y justa. Presenta los mandamientos como un reflejo del carácter de Dios, enseñando que adherirse a estos principios trae bendiciones y fortalece el vínculo entre la humanidad y lo divino.

Un elemento central del Libro del Pacto son las enseñanzas sobre la justicia y la equidad. Proporciona instrucciones detalladas sobre cómo tratar a los demás con dignidad y respeto, destacando la importancia de la justicia en las relaciones personales y comunitarias. El libro habla de la honestidad en los tratos, la necesidad de cuidar a los vulnerables y el valor de mostrar bondad y generosidad. Estas enseñanzas son eternas y ofrecen lecciones que guían a las personas en la toma de decisiones que fomentan la armonía y la paz en sus familias y sociedades.

El Libro de la Alianza también aborda la importancia del culto y el papel que desempeña en la configuración del comportamiento ético. Enseña que los actos regulares de adoración, como la oración y la observancia de días santos, son vitales para mantener una relación estrecha con Dios. Estas prácticas sirven como recordatorios de la presencia de Dios y ayudan a los creyentes a mantenerse enfocados en vivir según su voluntad. La adoración se presenta no sólo como una obligación sino como una expresión gozosa de fe y compromiso con los caminos de Dios.

Otro aspecto significativo del Libro de la Alianza es su enfoque en la responsabilidad personal. Hace hincapié en que cada individuo es responsable de sus acciones y debe esforzarse por tomar decisiones que honren a Dios. Esto incluye mantener la pureza de corazón, evitar el comportamiento pecaminoso y buscar el perdón cuando se cometen errores. El libro destaca la importancia de la humildad y el arrepentimiento, enseñando que acudir a Dios en tiempos de debilidad conduce a la restauración y el crecimiento.

Las enseñanzas éticas del Libro de la Alianza se extienden a la vida familiar y comunitaria. Proporciona orientación sobre los roles y responsabilidades dentro de las familias, fomentando el amor, el respeto y la cooperación entre sus miembros. El libro también enfatiza la importancia del apoyo comunitario y la responsabilidad de ayudar a los necesitados. Enseña que vivir como parte de una comunidad solidaria y unida refleja el amor de Dios y cumple sus mandamientos.

La relevancia del Libro de la Alianza no se limita a su contexto histórico. Sus lecciones continúan inspirando y guiando a los creyentes de hoy, ofreciendo un marco para abordar los desafíos éticos modernos. Ya sea que se trate de navegar relaciones, tomar decisiones en el lugar de trabajo o responder a problemas sociales, los principios que se encuentran en el Libro de la Alianza brindan claridad y sabiduría. Recuerdan a los creyentes la importancia de la integridad, la compasión y la fidelidad en todos los aspectos de la vida.

Uno de los mensajes clave del Libro de la Alianza es que la vida ética conduce a una conexión más profunda con Dios. Al seguir sus mandamientos y vivir de acuerdo con sus enseñanzas, las personas experimentan una sensación de paz y satisfacción que surge al saber que están caminando en sus caminos. Este sentido de propósito y dirección es una fuente de fortaleza y aliento, especialmente en tiempos de dificultad.

La Iglesia Ortodoxa Etíope ha preservado y apreciado el Libro de la Alianza como parte de su canon bíblico, asegurando que sus enseñanzas sigan influyendo en generaciones de creyentes. El énfasis del texto en la justicia, el culto, la responsabilidad personal y la comunidad refleja los valores fundamentales de la fe ortodoxa etíope. Sirve como recordatorio de que la guía de Dios siempre está disponible para quienes la buscan y que vivir éticamente es una parte esencial de una vida dedicada a él.

El Libro del Pacto anima a los lectores a ver sus acciones no sólo en términos de consecuencias inmediatas sino a la luz de su significado eterno. Requiere una vida de integridad y devoción, instando a los creyentes a alinear sus decisiones con la voluntad de Dios. A través de sus enseñanzas, el libro inspira a las personas a luchar por un nivel de vida más alto, uno que refleje el amor, la justicia y la misericordia de Dios. Este mensaje eterno continúa resonando, ofreciendo esperanza y guía para todos los que buscan vivir una vida de fe y propósito.

CAPÍTULO 3

Lengua, traducción y preservación

El idioma Ge'ez

El idioma Ge'ez ocupa una posición única y venerada como lengua sagrada de las escrituras ortodoxas etíopes. Es una antigua lengua semítica que se ha conservado durante siglos como lengua litúrgica de la Iglesia Ortodoxa Etíope Tewahedo. Ge'ez no es sólo un medio de comunicación; es un puente hacia el patrimonio espiritual, cultural e histórico de Etiopía y una parte vital de la identidad de la iglesia.

Los orígenes de Ge'ez se remontan a miles de años y tienen sus raíces en las primeras lenguas semíticas del Cuerno de África. Fue el principal idioma hablado y escrito del Imperio Aksumita, una de las civilizaciones más poderosas de la antigua África. Los Aksumitas utilizaron Ge'ez para inscripciones, decretos reales y literatura, marcándolo como un idioma de cultura y gobierno. Con la llegada del cristianismo a Etiopía durante el siglo IV, Ge'ez asumió un nuevo papel como lenguaje de las Escrituras, la oración y la adoración.

Ge'ez se utilizó para traducir la Biblia a un idioma accesible a los cristianos etíopes. Esta traducción fue un esfuerzo monumental, que llevó las enseñanzas del cristianismo a una región con una herencia cultural y lingüística única. Al hacer que las Escrituras estuvieran disponibles en ge'ez, los líderes de la iglesia aseguraron que la fe cristiana pudiera estar profundamente arraigada en las vidas del pueblo etíope. La traducción también dio origen a una rica tradición de escritos teológicos, comentarios e himnos, todos en Ge'ez, que continúan inspirando a los creyentes.

La Biblia ortodoxa etíope, con su extenso canon, fue escrita y conservada en ge'ez. Esto incluye tanto libros familiares del Antiguo y Nuevo Testamento como textos únicos como el Libro de Enoc, el Libro de los Jubileos y el Libro de la Alianza. Ge'ez sirvió como vehículo para transmitir estas escrituras, manteniendo su profundidad teológica y significado cultural. Las cualidades poéticas y rítmicas del lenguaje dan una sensación de sacralidad a los textos, realzando su impacto espiritual durante el culto.

Aunque el ge'ez dejó de ser un idioma hablado hace siglos, siguió siendo el idioma litúrgico de la Iglesia Ortodoxa Etíope. En este papel, es paralelo al latín en la Iglesia Católica Romana o al árabe clásico en el Islam. Ge'ez se utiliza durante los servicios religiosos, para cantar himnos y en la recitación de oraciones, preservando su carácter sagrado. Los sacerdotes, diáconos y eruditos reciben una amplia formación para leer, escribir e interpretar Ge'ez, lo que garantiza su continua relevancia en las prácticas litúrgicas de la iglesia.

La preservación de Ge'ez es un testimonio de la dedicación de la Iglesia Ortodoxa Etíope y sus comunidades. A lo largo de generaciones, monasterios e iglesias han copiado y salvaguardado meticulosamente los manuscritos de Ge'ez, algunos de los cuales datan de hace más de mil años. Estos manuscritos, escritos en pergamino, son tesoros de la historia religiosa y cultural y contienen no sólo textos bíblicos sino también tratados teológicos, registros históricos e ilustraciones artísticas. Se guardan en depósitos especiales, protegidos de los elementos y tratados con gran reverencia.

Además de su significado religioso, Ge'ez juega un papel crucial en la identidad cultural etíope. Se reconoce como la base de las lenguas etíopes modernas, como el amárico y el tigrinya. Muchas de las estructuras lingüísticas y el vocabulario de estos idiomas se remontan a Ge'ez, lo que destaca su influencia en la herencia lingüística de Etiopía. El estudio de Ge'ez también proporciona información sobre la historia antigua del país, incluidas sus conexiones con las civilizaciones vecinas y su papel en el mundo cristiano primitivo.

Los esfuerzos para preservar y estudiar Ge'ez continúan hoy, tanto dentro de Etiopía como a nivel internacional. Instituciones como la Iglesia Ortodoxa Etíope y centros académicos de todo el mundo se dedican a enseñar Ge'ez y traducir sus textos. La tecnología moderna también ha influido, y los proyectos de preservación digital han hecho que los manuscritos de Ge'ez sean más accesibles para el estudio y la investigación. Estas iniciativas garantizan que la lengua y sus escritos sagrados sigan vivos para las generaciones futuras.

Para los fieles ortodoxos etíopes, el ge'ez es más que una lengua antigua; es una conexión viva con Dios y su herencia espiritual. Encarna las oraciones, himnos y escrituras que han guiado su fe durante siglos. La belleza y profundidad del idioma resuenan entre los fieles, creando un profundo sentido de unidad y continuidad con sus antepasados. Ge'ez es un recordatorio del poder duradero de la fe y el papel del lenguaje en la expresión de la relación de la humanidad con lo divino.

El legado del Ge'ez como lengua sagrada de las escrituras etíopes es una fuente de orgullo e inspiración. Destaca el compromiso de la Iglesia Ortodoxa Etíope de preservar sus tradiciones espirituales y al mismo tiempo abrazar su identidad cultural única. Al apreciar a Ge'ez, la iglesia y sus seguidores honran su pasado, enriquecen su adoración presente y garantizan que las generaciones futuras puedan acceder a la sabiduría y la belleza de sus textos sagrados.

Traductores y escribas

Los traductores y escribas desempeñaron un papel vital en la preservación de la Biblia ortodoxa etíope, asegurando que sus enseñanzas se transmitieran fielmente de generación en generación. Estos individuos eran más que simples escritores o traductores; eran devotos guardianes de los textos sagrados. Su trabajo requería no sólo habilidad y precisión sino también un profundo sentido de reverencia y responsabilidad hacia las Escrituras.

Los traductores desempeñaron un papel decisivo a la hora de traducir la Biblia al idioma ge'ez, la lengua sagrada de la Iglesia ortodoxa etíope. Este esfuerzo comenzó cuando el cristianismo llegó a Etiopía en el siglo IV. Traducir la Biblia de sus idiomas originales, principalmente griego, hebreo y siríaco, fue una tarea monumental. Los traductores debían dominar estos idiomas y al mismo tiempo comprender profundamente el contexto cultural y espiritual del pueblo etíope. Esta no fue una simple traducción palabra por palabra. Trabajaron para transmitir el significado, la poesía y la profundidad espiritual de las Escrituras de una manera que resonara en los fieles etíopes.

El proceso de traducción fue meticuloso. Los traductores a menudo trabajaban en grupos para garantizar la precisión y discutir el significado de pasajes complejos. Estudiarían textos anteriores y compararían diferentes versiones de las Escrituras para llegar a la interpretación más fiel. Confiaron en la oración y la guía de los líderes de la iglesia, creyendo que su trabajo estaba divinamente inspirado. Su dedicación estuvo impulsada por la convicción de que la Biblia debe ser accesible a todos los creyentes en su propio contexto cultural y lingüístico.

Una vez traducido, comenzaba la tarea de los escribas. Los escribas eran responsables de copiar los textos sagrados a mano, un proceso que requería extraordinaria habilidad y paciencia. En la era anterior a la imprenta, cada Biblia se producía a mano. Los escribas utilizaban pergamino hecho con pieles de animales, que se preparaba cuidadosamente para crear superficies de escritura duraderas. Escribieron con bolígrafos de caña y tintas naturales, elaborando cada letra con precisión para garantizar claridad y legibilidad.

Los escribas siguieron pautas estrictas para mantener la integridad del texto. Contaron palabras y letras para evitar errores, sabiendo que incluso un pequeño error podría alterar el significado de un pasaje. Si se encontraba un error, el escriba a menudo descartaba toda la página y comenzaba de nuevo. Este nivel de dedicación aseguró que las Escrituras siguieran siendo precisas durante siglos.

Los escribas también eran artistas. Muchos manuscritos ortodoxos etíopes son famosos por su hermosa caligrafía e ilustraciones intrincadas. Adornaron los textos con decoraciones coloridas, incluidos patrones geométricos, diseños florales e imágenes de santos y escenas bíblicas. Estos adornos no eran meramente decorativos; sirvieron para mejorar la experiencia espiritual de leer y meditar en las Escrituras. El arte reflejaba la creencia de que la Biblia no era sólo un libro sino un objeto sagrado que merecía el más alto honor.

Además de copiar textos, los escribas a menudo trabajaban en monasterios, que eran centros de aprendizaje y devoción espiritual. Los monasterios salvaguardaron los manuscritos, almacenándolos en estuches especiales para protegerlos de los elementos. Estas instituciones se convirtieron en depósitos de conocimiento, preservando no sólo la Biblia sino también escritos teológicos, himnos y registros históricos. El trabajo de los escribas aseguró que estos tesoros estuvieran disponibles para las generaciones futuras.

La dedicación de traductores y escribas se extendió más allá del acto físico de escribir. Consideraban su trabajo como un deber sagrado que contribuía al crecimiento espiritual de la comunidad. Sus esfuerzos permitieron a la Iglesia Ortodoxa Etíope desarrollar una rica tradición teológica y mantener su identidad única dentro del mundo cristiano en general. Al preservar las Escrituras, también preservaron el patrimonio cultural de Etiopía, vinculando la fe del pueblo con su historia y tradiciones.

Las técnicas utilizadas por traductores y escribas se transmitieron de generación en generación, creando una tradición continua de preservación textual. Incluso hoy, la Iglesia Ortodoxa Etíope honra este legado. Los eruditos y clérigos modernos estudian estos manuscritos antiguos para comprender su significado lingüístico, histórico y teológico. El trabajo de los traductores y escribas sigue siendo una fuente de inspiración, que recuerda a los creyentes el poder duradero de la fe y la importancia de salvaguardar las enseñanzas sagradas.

Sus contribuciones resaltan la profunda conexión entre espiritualidad y erudición. Al dedicar sus vidas a las Escrituras, estas personas se aseguraron de que la Biblia ortodoxa etíope siguiera siendo una piedra angular de la fe y un testimonio de la devoción de quienes apreciaban sus enseñanzas. El legado de los traductores y escribas es un recordatorio del extraordinario esfuerzo necesario para preservar y transmitir la palabra de Dios.

Manuscritos y ediciones modernas

La preservación de la Biblia ortodoxa etíope representa un viaje de dedicación y esfuerzo que abarca siglos. Este proceso comenzó con manuscritos antiguos, que sirvieron como método principal para registrar textos sagrados antes de la llegada de la imprenta moderna. Estos manuscritos, elaborados a mano, destacan por su durabilidad, belleza y la devoción que reflejan.

Los manuscritos estaban escritos en pergamino hecho con pieles de animales. Este material fue tratado cuidadosamente para garantizar que pudiera resistir la prueba del tiempo. Los escribas utilizaban tintas naturales hechas de plantas y minerales, lo que contribuía a los colores vivos que aún son visibles en muchos manuscritos que se conservan en la actualidad. Cada página fue elaborada minuciosamente y los escribas se aseguraron de que cada palabra fuera precisa. Los errores eran raros porque el proceso era muy meticuloso; incluso un solo error a menudo significaba que la página entera sería descartada y reescrita.

La Biblia ortodoxa etíope es única debido a que incluye textos que no se encuentran en la mayoría de las otras tradiciones cristianas, como el Libro de Enoc y el Libro de los Jubileos. Estos manuscritos a menudo presentaban no sólo el texto sagrado sino también elaboradas decoraciones e ilustraciones. La obra de arte incluía patrones geométricos, motivos florales y representaciones de escenas bíblicas o santos. Estas decoraciones estaban destinadas a glorificar a Dios y mejorar la conexión del lector con lo divino.

Los manuscritos fueron almacenados en iglesias y monasterios, donde fueron tratados con gran reverencia. Estas instituciones desempeñaron un papel clave en la preservación de la Biblia, sirviendo como depósitos de conocimiento y centros de vida espiritual. A menudo se utilizaban estuches o contenedores especiales para proteger los manuscritos de los daños ambientales, como la humedad y los insectos. A pesar de estos esfuerzos, los manuscritos todavía eran vulnerables al deterioro natural, la agitación política y las invasiones, lo que hacía que su preservación fuera un desafío constante.

Además de los factores ambientales, la preservación de la Biblia ortodoxa etíope enfrentó el desafío de mantener su autenticidad. Esto fue particularmente importante porque la Biblia no era simplemente un documento histórico; era considerada la palabra viva de Dios. Los escribas y líderes de la iglesia tuvieron mucho cuidado en asegurarse de que las copias de la Biblia permanecieran fieles a los textos originales. Esto se logró mediante métodos rigurosos, incluido el recuento de palabras y letras para verificar la precisión.

Con la invención de la imprenta, la preservación de la Biblia ortodoxa etíope entró en una nueva fase. Las ediciones impresas permitieron que la Biblia llegara a un público más amplio, tanto dentro como fuera de Etiopía. Sin embargo, la transición de los manuscritos a los textos impresos trajo sus propios desafíos. La complejidad del idioma ge'ez, la lengua sagrada de las escrituras etíopes, dificultaba la composición tipográfica. Además, existía la preocupación de que el arte y la profundidad espiritual de los manuscritos pudieran perderse en las ediciones impresas.

A pesar de estos desafíos, la Iglesia Ortodoxa Etíope ha trabajado incansablemente para garantizar que se mantenga la autenticidad de la Biblia en las ediciones modernas. Los líderes y eruditos de la Iglesia colaboran para comparar textos impresos con manuscritos antiguos, asegurándose de que no se introduzcan alteraciones o errores en los escritos sagrados. Este meticuloso proceso subraya el compromiso de la iglesia de preservar la integridad de la Biblia.

Hoy en día, los esfuerzos por preservar la Biblia ortodoxa etíope continúan tanto de manera tradicional como moderna. La tecnología digital se ha convertido en una herramienta valiosa en este proceso. Muchos manuscritos antiguos se han digitalizado, haciéndolos accesibles a una audiencia global y reduciendo al mismo tiempo el riesgo de daños físicos. Los archivos digitales permiten a eruditos y creyentes estudiar la Biblia en su forma original, preservando su riqueza lingüística, artística y teológica.

La preservación también implica educación y concienciación. Al enseñar a las nuevas generaciones sobre la importancia de la Biblia ortodoxa etíope, la iglesia garantiza que su legado perdure. Esto incluye no sólo el texto en sí sino también las tradiciones que rodean su creación y uso. Se anima a los jóvenes a aprender Ge'ez, el idioma de las Escrituras, y a estudiar la historia y las enseñanzas de la iglesia.

A pesar de estos avances, persisten desafíos. La inestabilidad política, las presiones económicas y las amenazas ambientales siguen planteando riesgos para la preservación de la Biblia ortodoxa etíope. Sin embargo, la dedicación de la Iglesia Ortodoxa Etíope y sus partidarios en todo el mundo brinda esperanza de que este legado sagrado perdure.

La historia de la preservación de la Biblia ortodoxa etíope es un testimonio de la devoción de innumerables personas que han trabajado para salvaguardar sus enseñanzas. Desde los minuciosos esfuerzos de los antiguos escribas hasta los métodos innovadores de preservación moderna, cada paso refleja un profundo compromiso con la fe y la tradición. Este legado no sólo enriquece la vida espiritual de los cristianos etíopes sino que también contribuye a una comprensión más amplia de la diversa herencia del cristianismo.

CAPÍTULO 4

Teología y enseñanzas espirituales en la Biblia ortodoxa etíope

La naturaleza de Dios

La Biblia ortodoxa etíope proporciona una comprensión profunda y única de la naturaleza de Dios, profundamente arraigada en las Escrituras y la tradición. Esta perspectiva está moldeada por su herencia antigua, su inclusión de textos bíblicos únicos y las enseñanzas transmitidas a través de generaciones del cristianismo etíope. Estos elementos juntos crean un marco teológico que enfatiza la grandeza, la santidad y la intimidad de Dios.

En la tradición ortodoxa etíope, Dios es visto como el Creador de todas las cosas, existiendo antes del tiempo y más allá de la comprensión humana. El Libro del Génesis, incluido en la Biblia ortodoxa etíope, destaca la soberanía de Dios sobre el universo. La narrativa de la creación retrata a Dios no sólo como poderoso sino también como alguien decidido, que trae orden del caos y da forma al mundo con sabiduría y amor. Esta visión de Dios como Creador infunde un sentido de asombro y reverencia entre los creyentes, quienes se ven a sí mismos como administradores de la creación de Dios.

Una de las características distintivas de la comprensión de Dios de los ortodoxos etíopes es el énfasis en Su santidad. Dios es visto como infinitamente puro y perfecto, un concepto central para la adoración y la vida espiritual de los cristianos etíopes. Esta santidad se refleja en el uso frecuente de alabanza y adoración en oraciones e himnos, que exaltan a Dios como "Santo, Santo,

Santo". La Biblia ortodoxa etíope, particularmente en los Salmos y otros textos poéticos, refuerza esta visión al describir a Dios como morando en una luz inaccesible y gobernando con justicia y misericordia.

Al mismo tiempo, la Biblia ortodoxa etíope presenta a Dios profundamente involucrado en las vidas de su pueblo. Esto se ve en la relación de pacto descrita en libros como el Libro de los Jubileos, que relata las promesas de Dios a Abraham y sus descendientes. Estos textos resaltan la fidelidad y el amor de Dios, demostrando que Él no es una deidad distante sino un Padre bondadoso que guía y protege a Sus hijos. Este equilibrio entre la trascendencia de Dios y su inmanencia es un sello distintivo de la teología etíope.

La Biblia ortodoxa etíope también ofrece una rica descripción de los atributos de Dios. Se le presenta como omnisciente, todopoderoso y siempre presente. Estos atributos no se presentan simplemente como conceptos abstractos sino como cualidades que afectan directamente la vida de los creyentes. Por ejemplo, la omnisciencia de Dios asegura a los creyentes que Él comprende sus luchas y necesidades. Su omnipotencia brinda esperanza y confianza de que puede superar cualquier desafío. Su omnipresencia ofrece consuelo, recordando a los creyentes que Dios siempre está cerca, independientemente de sus circunstancias.

Otro aspecto único de la visión ortodoxa etíope de Dios es la teología trinitaria que abraza. La Iglesia Ortodoxa Etíope afirma la creencia en un Dios en tres personas: Padre, Hijo y Espíritu Santo. Esta doctrina tiene sus raíces en pasajes bíblicos como el bautismo de Jesús, donde se muestra claramente la presencia de las tres personas. La Biblia ortodoxa etíope incluye textos adicionales, como el Libro de Enoc, que también insinúa la complejidad y unidad de la naturaleza de Dios. Esta comprensión trinitaria no es sólo un concepto teológico sino también una parte central de la adoración y la oración.

La Biblia ortodoxa etíope enfatiza el papel de Dios como Juez y Redentor. Se le representa como la máxima autoridad que traerá justicia al mundo. Este tema es particularmente evidente en los textos apocalípticos, que describen el juicio final y el establecimiento del reino eterno de Dios. Al mismo tiempo, Dios es retratado como misericordioso y perdonador, ofreciendo redención a aquellos que se arrepienten y buscan Su gracia. Este doble papel de Juez y Redentor anima a los creyentes a vivir con rectitud mientras confían en la misericordia de Dios.

La relación entre Dios y la humanidad se ilustra aún más a través de las historias de personajes bíblicos que experimentaron la presencia de Dios de manera profunda. Por ejemplo, Moisés, como se describe en la Biblia ortodoxa etíope, se encuentra con Dios en la zarza ardiente y en el monte Sinaí, recibiendo los Diez Mandamientos que guían la vida moral y espiritual de los creyentes. De manera similar, los profetas transmiten los mensajes de advertencia, esperanza y restauración de Dios, lo que demuestra su participación continua en la historia humana.

La comprensión de Dios de los ortodoxos etíopes también incluye una fuerte dimensión escatológica. La Biblia enseña sobre el cumplimiento final del plan de Dios para la creación, donde Su reino se realizará plenamente. Esta esperanza para el futuro inspira a los creyentes a permanecer fieles y trabajar por una vida de santidad y servicio. El énfasis en la naturaleza eterna de Dios y su promesa de vida eterna brinda consuelo y seguridad, incluso frente a pruebas e incertidumbres.

En la tradición ortodoxa etíope, la naturaleza de Dios no es sólo un tema de estudio sino también una fuente de inspiración y transformación. Se anima a los creyentes a imitar los atributos de Dios, como Su amor, justicia y compasión, en su vida diaria. Esta aplicación práctica de la teología refleja el enfoque holístico de la Iglesia Ortodoxa Etíope, que busca integrar la fe en todos los aspectos de la vida.

A través de sus textos y enseñanzas sagrados, la Biblia ortodoxa etíope ofrece una comprensión profunda y multifacética de Dios. Esta visión combina reverencia por Su grandeza, confianza en Su cercanía y esperanza en Sus promesas, proporcionando una base para una fe vibrante y duradera. Al explorar la naturaleza de Dios tal como se revela en la Biblia ortodoxa etíope, los creyentes obtienen no solo conocimiento sino también una conexión más profunda con lo divino, enriqueciendo su viaje espiritual y su relación con Dios.

Cristología: comprensión del papel de Cristo en la tradición etíope

La Iglesia Ortodoxa Etíope tiene una comprensión rica y profunda del papel de Cristo en la salvación. Un elemento central de esta creencia es el reconocimiento de Jesucristo como plenamente divino y plenamente humano, una piedra angular de la cristología de la Iglesia. Esta profunda tradición teológica se ha preservado y enseñado a través de generaciones, reflejando la herencia y la espiritualidad únicas del cristianismo etíope.

En la tradición ortodoxa etíope, se reconoce a Cristo como el Hijo eterno de Dios que tomó forma humana para redimir a la humanidad. Esta creencia tiene sus raíces en la Encarnación, donde Jesús, nacido de la Virgen María, entró al mundo para restaurar la relación rota entre Dios y Su creación. La Iglesia enfatiza que la divinidad y la humanidad de Cristo estaban perfectamente unidas, lo que le permitió cerrar la brecha causada por el pecado. Esta comprensión se deriva de los textos y enseñanzas bíblicos que se encuentran en la Biblia ortodoxa etíope, que incluye libros únicos que profundizan en la misión y la naturaleza de Cristo.

El papel de Cristo en la salvación está inseparablemente ligado a su sacrificio en la cruz.

La Iglesia Ortodoxa Etíope enseña que a través de Su muerte, Jesús cargó con los pecados de la humanidad y se ofreció a sí mismo como sacrificio supremo para reconciliar a la humanidad con Dios. Este acto de entrega se considera la expresión más elevada del amor y la justicia de Dios. La crucifixión no es sólo un momento de sufrimiento sino también una victoria sobre el pecado, la muerte y los poderes del mal. Esta perspectiva inspira a los cristianos etíopes a vivir en gratitud y compromiso con la fe.

La resurrección de Cristo se celebra como piedra angular de la esperanza cristiana. La Iglesia Ortodoxa Etíope considera la resurrección como una declaración de la victoria de Cristo sobre la muerte y una promesa de vida eterna para los creyentes. Al resucitar de entre los muertos, Cristo demostró Su poder divino y confirmó Su papel como Salvador del mundo. Este evento es fundamental para las prácticas litúrgicas etíopes, particularmente durante la temporada de Pascua, donde la comunidad se reúne para regocijarse por el triunfo de la vida sobre la muerte.

Las enseñanzas y el ejemplo de Cristo desempeñan un papel crucial a la hora de guiar la vida espiritual de los cristianos ortodoxos etíopes. La Iglesia enfatiza que la vida de Jesús en la tierra, incluida su compasión, humildad y obediencia al Padre, sirve como modelo para los creyentes. Al seguir Su ejemplo, los cristianos están llamados a amarse unos a otros, servir a los necesitados y permanecer fieles a los mandamientos de Dios. Esta aplicación práctica de las enseñanzas de Cristo refleja el énfasis de la Iglesia en vivir una vida que refleje Sus virtudes.

En la tradición ortodoxa etíope, el papel de Cristo también está estrechamente relacionado con los sacramentos. La Iglesia enseña que a través de los sacramentos, los creyentes participan en la obra salvadora de Cristo. Por ejemplo, el bautismo es visto como un medio de participar en la muerte y resurrección de Cristo, simbolizando el lavado de los pecados y el comienzo de una nueva vida en Él. La Eucaristía, o Sagrada Comunión, es otro sacramento en el que los creyentes participan del cuerpo y la sangre de Cristo, profundizando su unión con Él y la comunidad de la Iglesia.

La comprensión de los ortodoxos etíopes sobre Cristo también destaca su papel como juez y rey supremo. La Iglesia enseña que al final de los tiempos, Cristo regresará para juzgar a vivos y muertos, trayendo justicia y estableciendo Su reino eterno. Esta perspectiva escatológica motiva a los creyentes a vivir con rectitud, preparándose para el día en que estarán ante Él. También ofrece esperanza y seguridad de que el plan de Dios para la humanidad se cumplirá.

La Biblia ortodoxa etíope, con sus textos únicos, como el Libro de Enoc y el Libro de los Jubileos, proporciona información adicional sobre el papel de Cristo. Estos escritos a menudo enfatizan el significado cósmico de la misión de Cristo, retratándolo como el centro del plan de Dios para la redención de toda la creación. También resaltan la continuidad entre el Antiguo y el Nuevo Testamento, mostrando cómo Cristo cumple las promesas hechas a los patriarcas y profetas.

La cristología de la Iglesia está profundamente entrelazada con su vida litúrgica. El culto en la Iglesia Ortodoxa Etíope es rico en simbolismo, música y oración, todo lo cual apunta a la centralidad de Cristo en la fe. Los himnos y las oraciones a menudo celebran Su obra redentora, Su victoria sobre la muerte y Su presencia continua en la vida de la Iglesia. Estos elementos de adoración ayudan a los creyentes a conectarse con el misterio de Cristo y a experimentar Su gracia salvadora.

La Virgen María ocupa un lugar especial en la cristología etíope, ya que se la considera la Madre de Dios que jugó un papel vital en la Encarnación. La Iglesia honra a María por su obediencia y fe, reconociéndola como modelo para todos los cristianos. Su papel se celebra en los servicios litúrgicos y las devociones, que a menudo resaltan su conexión con Cristo y su papel de intercesora por la humanidad.

En la teología ortodoxa etíope, el papel de Cristo se extiende más allá de la salvación individual hasta la transformación del mundo entero. La Iglesia enseña que a través de Su vida, muerte y resurrección, Cristo inauguró una nueva creación donde el reino de Dios está presente y crece. Esta creencia inspira un sentido de misión entre los cristianos etíopes, que están llamados a ser testigos del amor de Cristo y a trabajar por la justicia y la paz en el mundo.

ta comprensión de la Iglesia Ortodoxa Etíope sobre el papel de Cristo en la salvación está profundamente arraigada en las Escrituras, la tradición y el culto. Abarca Su encarnación, sacrificio, resurrección y presencia continua en la vida de la Iglesia y del mundo. Esta cristología integral y espiritualmente rica continúa inspirando y guiando la fe de los cristianos etíopes, ofreciéndoles esperanza, propósito y una conexión profunda con su Salvador.

Enseñanzas éticas: sabiduría para la vida moderna

La Biblia ortodoxa etíope contiene profundas enseñanzas éticas que brindan orientación para vivir una vida justa y plena. Estos principios están arraigados en las Escrituras y reflejan la voluntad de Dios para la humanidad. Enfatizan la justicia, la compasión, la humildad y el respeto por toda la creación. Las pautas morales que se encuentran en este texto sagrado siguen teniendo relevancia en los tiempos modernos y ofrecen sabiduría eterna que aborda los desafíos contemporáneos.

Un elemento central de las enseñanzas éticas de la Biblia ortodoxa etíope es el concepto de amor a Dios y al prójimo. Este principio es evidente tanto en el Antiguo como en el Nuevo Testamento, así como en libros únicos como el Libro de Enoc y el Libro de los Jubileos. El amor se presenta como el fundamento de todas las virtudes y la fuerza impulsora del comportamiento ético. Alienta a los creyentes a priorizar las relaciones, servir a los demás desinteresadamente y buscar el bienestar de sus comunidades. Este enfoque en el amor fomenta una cultura de bondad, unidad y respeto mutuo, lo cual es crucial en el mundo actual, a menudo dividido.

La justicia es otro principio ético crítico enfatizado en la Biblia ortodoxa etíope. Las Escrituras resaltan la importancia de la justicia, la equidad y la integridad en todos los aspectos de la vida. Las historias de figuras bíblicas como Moisés, el rey David y los profetas ilustran el valor de defender la justicia, incluso frente a la adversidad. La Biblia pide proteger los derechos de los vulnerables, como las viudas, los huérfanos y los pobres, y condena la explotación y la corrupción. Estas enseñanzas alientan a las personas modernas a abogar por la justicia social, combatir la desigualdad y crear sistemas que promuevan la justicia y la rendición de cuentas.

La compasión es un tema recurrente en toda la Biblia ortodoxa etíope. El texto enfatiza la necesidad de mostrar empatía y preocupación por los demás, particularmente por los necesitados. Las parábolas de Jesús, como la del Buen Samaritano, resaltan la importancia de brindar ayuda a los extraños y trascender las fronteras sociales y culturales. Este enfoque en la compasión inspira a los creyentes a participar en actos de caridad, apoyar los esfuerzos humanitarios y fomentar un espíritu de generosidad en su vida diaria.

La humildad es otra virtud profundamente arraigada en las enseñanzas éticas de la Biblia ortodoxa etíope. Las Escrituras alientan a las personas a reconocer su dependencia de Dios y evitar la arrogancia. La humildad se considera esencial para fomentar relaciones armoniosas y crecimiento espiritual. Figuras bíblicas como Job y la Virgen María sirven como modelos de humildad y demuestran cómo esta virtud conduce a la fortaleza y la sabiduría. En la vida moderna, la humildad puede ayudar a las personas a afrontar los desafíos con gracia y a mantener una perspectiva equilibrada en una sociedad competitiva y impulsada por los logros.

La Biblia ortodoxa etíope también pone un énfasis significativo en la honestidad y la veracidad. Condena el engaño, la falsedad y la hipocresía, y llama a los creyentes a mantener la integridad en sus palabras y acciones. Este compromiso con la verdad fortalece la confianza en las relaciones, promueve el liderazgo ético y ayuda a construir una sociedad basada en la sinceridad y la transparencia. Estas enseñanzas son especialmente relevantes hoy en día, cuando las personas enfrentan complejos dilemas morales en contextos personales, profesionales y sociales.

La importancia de la mayordomía es un aspecto único de las enseñanzas éticas que se encuentran en la Biblia ortodoxa etíope. El texto destaca la responsabilidad de la humanidad de cuidar la creación de Dios, incluido el medio ambiente, los animales y los recursos. Esta perspectiva se alinea con las preocupaciones modernas sobre el cambio climático y la sostenibilidad ambiental. Al practicar la administración, las personas pueden tomar decisiones conscientes que contribuyan al bienestar del planeta y de las generaciones futuras.

El perdón y la reconciliación son principios éticos clave en la Biblia ortodoxa etíope. Las Escrituras enseñan que el perdón es esencial para la sanación personal y la restauración de las relaciones. Las enseñanzas de Jesús, como su mandato de perdonar setenta veces siete, enfatizan el poder transformador de dejar ir el resentimiento y fomentar la paz. Estos principios inspiran a las personas a buscar la reconciliación en los conflictos, promover la comprensión y trabajar por la armonía en un mundo fracturado.

La Biblia ortodoxa etíope también brinda orientación sobre una vida ética a través de los Diez Mandamientos y otras leyes divinas. Estas reglas describen el marco moral básico para respetar a Dios y a los demás. Abordan cuestiones como honrar a los padres, abstenerse de robar y evitar la envidia. Estas pautas eternas sirven como base para la toma de decisiones éticas en diversos aspectos de la vida, incluidas la dinámica familiar, las prácticas comerciales y las interacciones comunitarias.

La oración y la reflexión son fundamentales para comprender y aplicar las enseñanzas éticas de la Biblia ortodoxa etíope. El texto anima a los creyentes a buscar la guía de Dios en sus decisiones morales y a cultivar una relación con Él a través de la oración. Esta práctica ayuda a las personas a alinear sus acciones con los valores bíblicos y desarrollar un sentido de responsabilidad ante Dios.

En la vida moderna, la oración y la reflexión pueden brindar claridad, fortaleza e inspiración para enfrentar los desafíos éticos.

Una de las características distintivas de las enseñanzas éticas de la Biblia ortodoxa etíope es su enfoque holístico de la moralidad. Aborda no sólo el comportamiento individual sino también la responsabilidad colectiva. Las Escrituras enfatizan la importancia de fomentar una sociedad justa y compasiva, donde se satisfagan las necesidades de todos los miembros. Esta perspectiva anima a los creyentes a participar en el servicio comunitario, apoyar iniciativas públicas que promuevan el bien común y contribuir al desarrollo de una sociedad moral e inclusiva.

Las enseñanzas éticas de la Biblia ortodoxa etíope también se extienden a la disciplina personal y el autocontrol. El texto destaca la importancia de resistir la tentación, evitar hábitos nocivos y cultivar virtudes como la paciencia y la perseverancia. Estas enseñanzas son particularmente relevantes en la cultura actual, acelerada y a menudo impulsiva, donde la autodisciplina es esencial para mantener el equilibrio y lograr metas a largo plazo.

La Biblia ortodoxa etíope proporciona una guía completa para una vida ética que sigue siendo relevante a través de generaciones. Sus enseñanzas inspiran a los creyentes a vivir con propósito, integridad y compasión, dando forma a sus relaciones con Dios, los demás y el mundo. Al adoptar estos principios, las personas pueden navegar por las complejidades de la vida moderna mientras se mantienen fieles a su fe y sus valores.

CAPÍTULO 5

Rituales y uso litúrgico de la Biblia

La Biblia en el culto ortodoxo etíope

La Biblia ortodoxa etíope juega un papel central en las prácticas de culto de la Iglesia ortodoxa etíope Tewahedo. Está profundamente integrado en todos los aspectos de la vida litúrgica, reflejando su estatus sagrado como Palabra de Dios. El culto en la tradición ortodoxa etíope es rico en rituales, himnos y oraciones, y la Biblia sirve como guía y fundamento para la expresión espiritual. Se utiliza no sólo para leer y enseñar, sino también como parte viva de la conexión de la comunidad con Dios.

Durante los servicios religiosos, la Biblia se lee de una manera que enfatiza su santidad y autoridad. Se eligen porciones específicas para diferentes días del calendario litúrgico, asegurando que las lecturas correspondan a la estación u ocasión que se celebra. Estas lecturas a menudo se extraen del Antiguo Testamento, el Nuevo Testamento y los libros únicos del Canon ortodoxo etíope, como el Libro de Enoc o los Jubileos. La selección de textos refleja la riqueza teológica y la profundidad de la tradición etíope.

El idioma Ge'ez, que se considera sagrado, se utiliza en la recitación de las Escrituras durante los servicios. Este idioma antiguo no sólo preserva la autenticidad del texto bíblico sino que también agrega una dimensión espiritual a su uso en la adoración. Sacerdotes y diáconos capacitados en el arte del canto pronuncian las lecturas de manera melódica y reverente, creando una atmósfera de profunda devoción. El estilo de canto, conocido como zema, es exclusivo de la Iglesia Ortodoxa Etíope y está diseñado para transmitir el poder espiritual de las Escrituras.

La Biblia es fundamental para la Divina Liturgia, también conocida como Qidase, que es la forma principal de culto en la Iglesia Ortodoxa Etíope. Durante este servicio se leen varios pasajes para guiar a la congregación en sus oraciones y reflexiones. La lectura del Evangelio, en particular, ocupa un lugar destacado y está precedida por una procesión. El sacerdote, que lleva la Biblia, suele ir acompañado de incienso y velas, que simbolizan la luz y la santidad de la Palabra de Dios.

Más allá de su uso en el culto público, la Biblia ortodoxa etíope también es una parte esencial de la oración personal y comunitaria. Muchas oraciones e himnos recitados durante los servicios se basan directamente en textos bíblicos. Los salmos, por ejemplo, son un componente importante del culto tanto privado como colectivo. El Libro de los Salmos a menudo se canta o canta como una forma de expresar alabanza, buscar perdón o encontrar consuelo en momentos de angustia. Estas oraciones se consideran una conexión directa con Dios y su repetición refuerza las enseñanzas de la Biblia.

La Iglesia Ortodoxa Etíope también concede gran importancia al uso litúrgico de libros únicos en su canon. Textos como el Libro de Enoc y el Libro de los Jubileos no sólo se estudian sino que también se recitan durante servicios o festivales específicos. Estos libros ofrecen información sobre temas teológicos como el juicio divino, la creación y el pacto entre Dios y la humanidad. Su inclusión en el culto resalta el carácter distintivo de la tradición ortodoxa etíope y su profundo compromiso con su herencia escritural única.

La veneración de la Biblia se expresa en diversos rituales que demuestran su carácter sagrado. Durante los servicios, la Biblia suele colocarse en un soporte especial o llevarse en una funda decorativa. Estas prácticas enfatizan que las Escrituras no son simplemente textos para leer, sino que son reverenciadas como una presencia divina.

Los feligreses pueden besar la Biblia o inclinarse ante ella como señal de respeto y reconocimiento de su autoridad espiritual.

Las celebraciones y fiestas estacionales también incorporan un uso extensivo de la Biblia. Durante eventos importantes como Navidad, Pascua y la Fiesta de Timket (Epifanía), las Escrituras se leen en voz alta para contar las historias del nacimiento, la resurrección y el bautismo de Cristo. Estas lecturas sirven para recordar a los fieles los acontecimientos clave de la historia de la salvación y su relevancia para sus vidas espirituales. Oraciones especiales, himnos y procesiones acompañan estas lecturas, enriqueciendo la experiencia de adoración.

Además de los servicios de adoración, la Biblia es una herramienta vital para la enseñanza y la instrucción dentro de la Iglesia Ortodoxa Etíope. Las escuelas dominicales, las clases de educación para adultos y los seminarios teológicos utilizan con frecuencia las Escrituras para explicar los principios de la fe. El clero desempeña un papel importante en la interpretación y explicación de la Biblia para garantizar que sus enseñanzas sean accesibles y aplicables a las vidas de los creyentes. Este enfoque en la educación ayuda a profundizar la comprensión de la fe de la congregación y fomenta una relación más cercana con Dios.

La Biblia ortodoxa etíope también es fundamental para la vida sacramental. Durante los sacramentos, como el bautismo, el matrimonio y la Eucaristía, se leen las Escrituras para subrayar el carácter sagrado de la ocasión. Por ejemplo, durante el bautismo se leen pasajes de los Evangelios para resaltar el significado del renacimiento en Cristo. De manera similar, las lecturas de las Epístolas pueden usarse durante las ceremonias matrimoniales para brindar orientación sobre los aspectos espirituales de la unión y la vida familiar.

La preservación de la tradición bíblica a través de rituales garantiza que la Iglesia Ortodoxa Etíope permanezca profundamente conectada con sus raíces. La forma meticulosa en que se maneja, lee y celebra la Biblia refleja el compromiso de la iglesia de honrar la Palabra de Dios. Estas prácticas no sólo sostienen la fe de los creyentes individuales sino que también fortalecen la identidad colectiva de la comunidad ortodoxa etíope.

El papel de la Biblia ortodoxa etíope en el culto se extiende más allá de los muros de la iglesia. En la vida diaria, las familias suelen reunirse para leer las Escrituras, orar y reflexionar sobre su fe. Esta práctica asegura que las enseñanzas de la Biblia sigan siendo una presencia constante en las vidas de los creyentes. También permite a las generaciones más jóvenes aprender e internalizar los valores y principios de su fe, asegurando su continuación.

A través de su integración en todos los aspectos del culto y la vida espiritual, la Biblia ortodoxa etíope es una piedra angular de la fe de la Iglesia ortodoxa etíope. Su uso en el culto litúrgico, combinado con sus enseñanzas y rituales, proporciona un marco para vivir una vida que honre a Dios. Este texto sagrado continúa inspirando, guiando y uniendo a los creyentes, y sirve como testimonio del poder perdurable de la Palabra de Dios.

El papel de los salmos y los himnos en las devociones diarias

Los salmos y los himnos ocupan un lugar especial en las devociones diarias de la tradición ortodoxa etíope, dando forma a las prácticas de adoración tanto personales como comunitarias. Arraigadas en las Escrituras y profundamente arraigadas en las vidas de los creyentes, estas expresiones de oración y alabanza ofrecen alimento espiritual y una conexión directa con Dios. Los Salmos, atribuidos al rey David, se consideran canciones y oraciones divinamente inspiradas, mientras que los himnos proporcionan una forma estructurada para que los fieles expresen su fe a través de la música y el canto.

En las devociones personales, los Salmos a menudo se recitan o cantan para alinear el corazón y la mente con la presencia de Dios. Los cristianos ortodoxos etíopes utilizan con frecuencia el Libro de los Salmos como guía para sus oraciones diarias, recurriendo a él en busca de consuelo, fortaleza y aliento. Los Salmos abordan una amplia gama de emociones humanas, desde el gozo y la gratitud hasta la tristeza y el arrepentimiento. Esto los hace identificables y accesibles, lo que permite a las personas presentar sus luchas y triunfos personales ante Dios a través de las palabras de las Escrituras.

La recitación de los Salmos en oración privada suele ir acompañada de momentos de silencio y reflexión. Los creyentes pueden repetir versículos específicos o capítulos completos para meditar en sus significados. Por ejemplo, los Salmos de acción de gracias se utilizan para expresar gratitud por las bendiciones, mientras que los Salmos penitenciales, como el Salmo 51, se recitan para buscar el perdón y la renovación. Esta práctica no sólo fortalece la fe personal sino que también cultiva una comprensión más profunda de la misericordia y la gracia de Dios.

En el culto comunitario, los Salmos asumen un papel central ya que se cantan de una manera que une a la congregación. La Iglesia Ortodoxa Etíope tiene una rica tradición de canto litúrgico, conocido como zema, que se utiliza para transmitir los Salmos de una manera melódica y reverente. El canto no es sólo una actuación musical; es un acto espiritual que involucra tanto al cantor como a los oyentes en la adoración. El ritmo y el tono de los cantos están cuidadosamente diseñados para evocar un sentido de asombro y devoción, acercando a la comunidad a Dios.

Los himnos de la tradición ortodoxa etíope sirven como extensiones de los Salmos, incorporando temas y enseñanzas bíblicos en composiciones poéticas y musicales. Muchos himnos se basan en los propios Salmos, extrayendo directamente de sus versos y añadiendo capas de interpretación y alabanza. Los himnos a menudo se componen en Ge'ez, el antiguo idioma litúrgico de la Iglesia etíope, lo que añade un sentido de sacralidad y continuidad con la tradición.

Las devociones diarias en el cristianismo ortodoxo etíope también implican tiempos de oración estructurados en los que se recitan salmos e himnos. Las oraciones de la mañana a menudo comienzan con salmos de alabanza, reconociendo la creación de Dios y las bendiciones para un nuevo día. Las oraciones vespertinas incluyen salmos de protección y acción de gracias, confiando la noche al cuidado de Dios. Estas prácticas ayudan a los creyentes a mantener un ritmo de oración y reflexión a lo largo de su vida diaria.

Durante temporadas y festivales importantes, los salmos y los himnos adquieren mayor importancia.

En Cuaresma, por ejemplo, se cantan salmos penitenciales para fomentar el autoexamen y el arrepentimiento. Durante la Pascua se cantan salmos de alegría y victoria para celebrar la resurrección de Cristo. Estas adaptaciones estacionales permiten que los salmos y los himnos resuenan con los temas espirituales del calendario litúrgico, profundizando el compromiso de la comunidad con su fe.

Los salmos y los himnos también desempeñan un papel clave a la hora de enseñar y transmitir la fe a las generaciones más jóvenes. En las escuelas dominicales y en las clases de catecismo, se enseña a los niños a memorizar y recitar los Salmos, asegurándose de que se familiaricen con estos textos fundamentales. Los himnos, que a menudo se enseñan mediante cantos comunitarios, introducen a los niños en la belleza y profundidad de la adoración. Estas prácticas inculcan un sentido de pertenencia y continuidad, conectando a los jóvenes creyentes con su herencia espiritual.

Los aspectos terapéuticos y reconfortantes de los Salmos son particularmente evidentes en tiempos de dificultad o dolor. Cuando enfrentan desafíos, los cristianos ortodoxos etíopes recurren a los salmos que hablan de la fidelidad y la liberación de Dios. El Salmo 23, por ejemplo, a menudo se recita en momentos de miedo o incertidumbre, lo que garantiza la guía y protección de Dios. De manera similar, se cantan himnos de esperanza y confianza para elevar el espíritu y renovar la fe en las promesas de Dios.

El aspecto comunitario de cantar y cantar salmos e himnos fomenta un sentido de unidad y propósito compartido entre los creyentes. Durante los servicios religiosos, la congregación participa en estos actos de adoración, creando un ambiente donde las voces individuales se unen como una sola. Esta expresión colectiva de fe fortalece los vínculos dentro de la comunidad, recordando a los fieles su compromiso compartido con Dios y con los demás.

La tradición ortodoxa etíope también reconoce el poder de los salmos y los himnos en la guerra espiritual. Se cree que ciertos Salmos tienen cualidades protectoras y purificadoras, y se usan en oraciones para la liberación del mal o del daño. Se cantan himnos con temas similares para invocar la presencia y la fuerza de Dios, reforzando la creencia de que la adoración no es sólo un acto de devoción sino también un medio para enfrentar desafíos espirituales.

La importancia perdurable de los salmos y los himnos en las devociones diarias ortodoxas etíopes radica en su capacidad para cerrar la brecha entre la experiencia divina y la humana. Proporcionan un lenguaje para que los creyentes expresen sus sentimientos y pensamientos más profundos, ya sea en soledad o como parte de una comunidad. Al interactuar con estos textos y canciones sagrados, los cristianos ortodoxos etíopes renuevan continuamente su conexión con Dios, obteniendo inspiración y guía para sus vidas.

A través de su uso profundo y variado, los salmos y los himnos siguen siendo una piedra angular de la espiritualidad ortodoxa etíope. Son más que palabras y melodías; son expresiones vivas de fe, esperanza y amor que han sostenido a generaciones de creyentes. Al incorporar estas prácticas en las devociones diarias, los cristianos ortodoxos etíopes se aseguran de que la riqueza de su tradición siga floreciendo en el mundo moderno.

Fiestas y Festivales

Las fiestas y festivales ortodoxos etíopes son parte integral de la vida espiritual y cultural de sus seguidores y reflejan profundas conexiones con historias y enseñanzas bíblicas. Estas celebraciones no son simplemente eventos culturales, sino que sirven como oportunidades para que los creyentes recuerden y honren momentos importantes de la

Biblia. Proporcionan un marco para la adoración, la reflexión y la reunión comunitaria, asegurando que los valores y tradiciones bíblicos se preserven continuamente.

Una de las fiestas más destacadas es Timket, la celebración de la Epifanía. Esta fiesta conmemora el bautismo de Jesús en el río Jordán por Juan el Bautista. Arraigado en el Nuevo Testamento, destaca el significado del bautismo como limpieza espiritual y manifestación de la Santísima Trinidad. Durante Timket, se llevan en procesiones réplicas del Arca de la Alianza, conocidas como tabots, que simbolizan la presencia de Dios entre su pueblo. Los fieles se reúnen en gran número para participar en oraciones, himnos y la recreación del evento bautismal, que a menudo implica la bendición del agua y bautismos públicos. Este festival no sólo celebra un evento clave en la vida de Jesús sino que también enfatiza la importancia de la renovación y el compromiso con la fe.

Meskel, la Fiesta del Hallazgo de la Verdadera Cruz, es otra celebración profundamente bíblica en la ortodoxia etíope. Conmemora el descubrimiento de la cruz en la que Jesús fue crucificado, como lo relatan las tradiciones eclesiásticas asociadas con la emperatriz Elena. El festival simboliza la victoria de Cristo sobre el pecado y la muerte, recordando a los creyentes la centralidad de la cruz en su fe. Se enciende una gran hoguera, conocida como Demera, que representa la luz de Cristo que guía a la humanidad. El evento está marcado por oraciones, cantos y la reunión de comunidades, creando un sentido de unidad y al mismo tiempo reforzando el significado bíblico de la cruz como símbolo de redención.

La fiesta de Fasika, o Pascua etíope, es una celebración importante que se centra en la resurrección de Jesucristo. Fasika sigue a un largo período de ayuno conocido como la Gran Cuaresma, durante el cual los creyentes reflexionan sobre el sufrimiento y el sacrificio de Cristo. El relato bíblico de la muerte y resurrección de Jesús está en el centro de esta celebración, enfatizando temas de victoria, esperanza y vida eterna. En vísperas de Fasika, las iglesias realizan vigilias que duran toda la noche llenas de oraciones, lecturas de las Escrituras e himnos. El festival culmina con una alegre ruptura del ayuno, donde las familias y comunidades se reúnen para compartir comidas y dar gracias por el don de la salvación.

Gena, o Navidad etíope, celebra el nacimiento de Jesús tal como lo narran los evangelios de Mateo y Lucas. El festival comienza con un servicio religioso solemne, que a menudo se lleva a cabo temprano en la mañana, donde se lee la historia de la Natividad y se cantan himnos en honor a la llegada del Salvador. La celebración refleja la humildad del nacimiento de Cristo y su papel como luz para el mundo. Las familias y comunidades celebran la ocasión con fiestas, juegos tradicionales y actos de caridad, que encarnan los principios bíblicos del amor y la generosidad.

Uno de los festivales menos conocidos pero profundamente espirituales es el Hidar Tsion, dedicado a la Virgen María y vinculado a la historia bíblica del Arca de la Alianza. La tradición ortodoxa etíope sostiene que el Arca fue llevada a Etiopía y se conserva en la Iglesia de Santa María de Sión en Axum. Hidar Tsion celebra el papel de María como Madre de Dios y protectora de los fieles. La fiesta está marcada por procesiones, oraciones y la veneración a María como modelo de fe y obediencia. Conecta a los creyentes con las narrativas bíblicas de la vida de María y el carácter sagrado del Arca como símbolo del pacto de Dios con su pueblo.

Sigd, un festival único observado por Beta Israel (comunidad judía etíope) y adoptado por algunos cristianos ortodoxos etíopes, refleja el tema bíblico de la renovación del pacto. Inspirado en la historia de Esdras y Nehemías, donde los israelitas se volvieron a dedicar a Dios después del exilio babilónico, Sigd implica un día de ayuno, oración y lectura de las Escrituras. Sirve como recordatorio de la importancia del arrepentimiento, la obediencia a las leyes de Dios y la unidad entre Su pueblo.

El calendario ortodoxo etíope es rico en otras fiestas bíblicas, como Hosanna, que conmemora la entrada triunfal de Jesús en Jerusalén, y Sebket, que se centra en la Última Cena y la oración de Jesús en Getsemaní. Cada festival brinda una oportunidad para meditar sobre momentos clave en la vida y el ministerio de Jesús, animando a los creyentes a vivir de acuerdo con Sus enseñanzas.

Estas fiestas y festivales están profundamente arraigados en las vidas de los cristianos ortodoxos etíopes y dan forma a sus prácticas espirituales y rutinas diarias. Sirven como momentos de renovación espiritual, donde las narrativas bíblicas cobran vida a través de la adoración, la música y las reuniones comunitarias. Al participar en estas celebraciones, los creyentes no sólo honran su fe sino que también la transmiten a las generaciones futuras, asegurando que las tradiciones bíblicas sigan siendo vibrantes y relevantes.

Además de su significado espiritual, estos festivales a menudo implican actos de caridad y servicio, lo que refleja el mandato bíblico de cuidar de los demás. Durante las celebraciones, se comparten alimentos y recursos con los menos afortunados, encarnando el mensaje de amor y compasión de Cristo. Esta práctica fortalece el sentido de comunidad y resalta la aplicación práctica de las enseñanzas bíblicas en la vida cotidiana.

Las fiestas y festivales ortodoxos etíopes son un testimonio del poder duradero de la Biblia para inspirar la adoración y guiar la vida moral. Son más que rituales; son expresiones vivas de fe que conectan a los creyentes con Dios, entre sí y con las historias sagradas que definen su identidad espiritual. A través de estas celebraciones, la Iglesia Ortodoxa Etíope continúa preservando y celebrando su herencia única, profundamente arraigada en reflexiones y enseñanzas bíblicas.

CAPÍTULO 6

Impacto cultural e histórico

La influencia de la Biblia en el arte y la arquitectura etíopes

La Biblia ortodoxa etíope ha influido profundamente en el arte, la iconografía y la arquitectura etíopes, creando un legado cultural único. La conexión entre fe y creatividad está profundamente arraigada en la tradición etíope, donde las historias y enseñanzas bíblicas se expresan vívidamente a través de diversas formas artísticas y arquitectónicas. Esta tradición refleja la devoción del pueblo etíope y su esfuerzo por dar vida a las narrativas sagradas de su Biblia.

El arte etíope está ricamente adornado con imágenes religiosas, muchas de las cuales están directamente inspiradas en la Biblia. Una de las formas más importantes de este arte es la iconografía religiosa, que a menudo representa escenas tanto del Antiguo como del Nuevo Testamento. Históricamente, los artistas han utilizado materiales naturales como tintes de origen vegetal para crear pinturas vibrantes de Jesús, la Virgen María, santos y ángeles. Estos íconos sirven como representaciones visuales de la fe y brindan una manera para que los fieles se conecten espiritualmente con lo divino. La Biblia ortodoxa etíope, con sus libros únicos como el Libro de Enoc y el Libro de los Jubileos, ha contribuido a los temas distintivos que se encuentran en el arte religioso etíope, centrándose a menudo en visiones apocalípticas, misterios divinos y seres angelicales.

Los manuscritos de la Biblia ortodoxa etíope son obras maestras de arte en sí mismas. Estos textos copiados a mano están escritos en el antiguo idioma ge'ez y decorados con intrincadas ilustraciones y diseños ornamentados. Los márgenes y las cubiertas de estos manuscritos a menudo están llenos de imágenes simbólicas, incluidas cruces, enredaderas y patrones celestiales, que reflejan temas bíblicos de la vida, la salvación y el orden divino. La artesanía detallada demuestra la reverencia que se tiene por las Escrituras y la dedicación de los escribas y artistas en la preservación de sus textos sagrados.

Las iglesias y monasterios etíopes muestran la influencia arquitectónica de la Biblia en su diseño y construcción. Quizás los ejemplos más famosos sean las iglesias excavadas en la roca de Lalibela. Se dice que estas notables estructuras, talladas enteramente en piedra, simbolizan la "Nueva Jerusalén" y fueron construidas bajo la dirección del rey Lalibela durante el siglo XII. El diseño arquitectónico refleja historias bíblicas, con nombres de iglesias a menudo vinculados a referencias bíblicas, como Bet Medhane Alem, que se traduce como "Casa del Salvador del Mundo". La disposición de estas iglesias y sus características simbólicas reflejan las narrativas y enseñanzas de la Biblia ortodoxa etíope.

En el interior de estas iglesias, las paredes suelen estar adornadas con murales bíblicos. Estas pinturas sirven como ayudas visuales, enseñando historias bíblicas a quienes quizás no hayan tenido acceso a textos escritos. Durante siglos, han sido fundamentales para comunicar los mensajes centrales de la Biblia a los fieles. Las representaciones de la Natividad, la Crucifixión y la Ascensión son algunos de los temas comunes que se encuentran en estos murales, junto con interpretaciones exclusivamente etíopes de historias como el Arca de la Alianza.

La influencia de la Biblia ortodoxa etíope se extiende más allá de la arquitectura monumental hasta espacios sagrados más pequeños. Muchos hogares tradicionales etíopes incluyen un rincón de oración o un espacio dedicado a íconos religiosos, a menudo acompañados de versículos de la Biblia o imágenes inspiradas en las Escrituras. Esto demuestra cómo la Biblia da forma no sólo a las expresiones religiosas públicas sino también a las prácticas devocionales privadas.

La música y la danza también reflejan el impacto de la Biblia en la cultura etíope. Los himnos religiosos, conocidos como mezmur, se basan en los salmos y otros textos de las Escrituras. Se cantan durante los servicios religiosos y festivales religiosos, a menudo acompañados de instrumentos tradicionales como el tambor y el sistro. Los ritmos y melodías están profundamente conectados con temas bíblicos de adoración, arrepentimiento y celebración, y brindan una dimensión auditiva a la expresión artística de las Escrituras.

La Biblia también ha influido en los diseños de cruces etíopes, que son fundamentales para las tradiciones religiosas y artísticas. Las cruces etíopes son conocidas por sus intrincados patrones y significados simbólicos. Cada diseño tiene un significado teológico y a menudo representa el concepto de vida eterna, la unidad de la Trinidad o la conexión entre el cielo y la tierra. Estas cruces se utilizan en ceremonias de la iglesia y como adornos personales, actuando como recordatorios diarios de la fe bíblica.

La Biblia ortodoxa etíope ha dado forma no sólo a la identidad artística y arquitectónica de la nación sino también a sus valores culturales y prácticas sociales. Las enseñanzas de la Biblia sobre la compasión, la comunidad y la humildad se reflejan en las costumbres tradicionales etíopes. Los festivales y reuniones públicas están impregnados de un sentido de espiritualidad y un compromiso de vivir los principios bíblicos. El arte y la arquitectura inspirados en la Biblia sirven como algo más que una mera decoración; son un medio para enseñar, adorar y fomentar un sentido de identidad compartida arraigado en la fe.

En los tiempos modernos se han hecho esfuerzos por preservar y estudiar estos tesoros artísticos y arquitectónicos. Muchas iglesias y manuscritos han sido reconocidos como Patrimonio de la Humanidad, enfatizando su importancia cultural e histórica. A pesar de desafíos como la degradación ambiental y las influencias modernas, los etíopes continúan honrando y protegiendo estas expresiones sagradas de su herencia bíblica.

A través de su profundo impacto en el arte y la arquitectura, la Biblia ortodoxa etíope ha dejado una marca indeleble en la identidad cultural de Etiopía. Sus historias y enseñanzas se han transformado en formas que no sólo son visualmente impresionantes sino también profundamente significativas. Al preservar estas tradiciones, los etíopes se aseguran de que su fe y los textos sagrados que la inspiran sigan siendo vibrantes para las generaciones futuras.

Narrativas bíblicas en las tradiciones orales y la literatura etíopes

La Biblia ortodoxa etíope ha desempeñado un papel vital en la configuración de las tradiciones orales y el patrimonio literario de Etiopía. Sus narrativas se han transmitido de generación en generación, entretejidas en el tejido de la narración cultural y reflejadas en la literatura etíope. Estas historias no sólo se conservan sino que también se adaptan para transmitir lecciones morales, celebrar la fe y fortalecer la identidad espiritual y cultural del pueblo etíope.

Las tradiciones orales etíopes están profundamente entrelazadas con las historias bíblicas. Ancianos, sacerdotes y narradores cuentan cuentos de la Biblia durante reuniones, festivales y ceremonias religiosas. Estas historias a menudo se centran en figuras clave como Adán y Eva, Noé, Abraham, Moisés y Jesucristo, dando vida a las enseñanzas y los eventos descritos en las Escrituras. El recuento oral de estas narrativas es a la vez una forma de educación y una manera de mantener viva la fe en las comunidades, particularmente en las zonas rurales donde el acceso a textos escritos puede ser limitado.

En las tradiciones orales se hace referencia con frecuencia al Libro de Enoc, un texto único incluido en la Biblia ortodoxa etíope. Sus vívidas descripciones de ángeles, visiones celestiales y la caída de espíritus rebeldes cautivan a los oyentes y despiertan su imaginación. Los narradores utilizan estos temas para enfatizar la grandeza de Dios, la importancia de la justicia y las consecuencias de desviarse de los mandamientos divinos. El relato oral de estas narrativas garantiza que incluso aquellos que no pueden leer Ge'ez, el idioma de la Biblia ortodoxa etíope, puedan seguir interactuando con sus profundos mensajes y comprendiéndolos.

El Arca de la Alianza es otro tema bíblico destacado que aparece en las tradiciones orales etíopes. Según la creencia etíope, el Arca fue llevada a Etiopía por Menelik I, el hijo del rey Salomón y la reina de Saba. Esta historia, profundamente arraigada en la historia bíblica y etíope, se cuenta con gran reverencia y orgullo. Conecta a Etiopía con el antiguo pacto entre Dios y su pueblo, y sirve como un poderoso símbolo de fe y protección divina. A través de la tradición oral, la historia del Arca sigue inspirando devoción y un sentido de identidad nacional.

La literatura etíope, fuertemente influenciada por la Biblia, sirve como otro medio para preservar y ampliar sus narrativas. Los textos religiosos como el Kebra Nagast, que significa "La gloria de los reyes", son un excelente ejemplo. Esta obra combina historias bíblicas con la historia de Etiopía y detalla el linaje de los gobernantes etíopes como descendientes del rey Salomón y la reina de Saba. Refleja el significado teológico y cultural de la

Biblia, presentando a Etiopía como una tierra elegida por Dios y su pueblo como parte de Su plan divino.

Los Salmos, una parte muy apreciada de la Biblia ortodoxa etíope, también son fundamentales para las tradiciones orales y escritas. A menudo se recitan durante el culto y la devoción personal, y su estructura poética los hace ideales para la memorización y la transmisión oral. Los temas de alabanza, arrepentimiento y esperanza que se encuentran en los Salmos resuenan profundamente con la espiritualidad etíope y se adaptan a oraciones, himnos y canciones que forman parte integral de la vida diaria.

Los cuentos populares y proverbios etíopes también se basan en gran medida en las enseñanzas bíblicas. Muchas historias tradicionales incorporan lecciones sobre honestidad, bondad, humildad y obediencia a Dios, reflejando los principios morales que se encuentran en la Biblia. Los proverbios, que se utilizan a menudo en conversaciones y momentos de enseñanza, hacen eco de la sabiduría bíblica y refuerzan el comportamiento ético y el valor de una vida virtuosa.

La influencia de la Biblia ortodoxa etíope se extiende a las crónicas históricas y la literatura real. Los reyes y gobernantes etíopes a menudo han alineado sus reinados con las narrativas bíblicas, presentándose a sí mismos como protectores de la fe y a sus reinos como extensiones del pacto bíblico. Estos escritos, conservados junto con relatos orales, crean un rico tapiz de historia, espiritualidad y cultura que resalta la perdurable relevancia de la Biblia en la sociedad etíope.

La preservación de estas narrativas está respaldada por la sólida memoria oral del pueblo etíope, que ha desarrollado técnicas para garantizar la precisión y coherencia en la narración. La repetición, los patrones rítmicos y la participación comunitaria se utilizan comúnmente para transmitir fielmente las historias. Este método no sólo salvaguarda la integridad de las narrativas sino que también fomenta un sentido de unidad y herencia compartida entre los oyentes.

No se puede subestimar el papel de la iglesia en la preservación y difusión de estas narrativas. Los sacerdotes y los eruditos religiosos son figuras centrales tanto en las tradiciones orales como escritas, lo que garantiza que las historias bíblicas se enseñen y comprendan en su contexto teológico adecuado. A través de sermones, cánticos y lecturas públicas, dan vida a la Biblia y hacen que sus enseñanzas sean accesibles para todos.

Los festivales y celebraciones etíopes también brindan oportunidades para volver a contar historias bíblicas. Eventos como Timket, que conmemora el bautismo de Jesús, y Meskel, que celebra el descubrimiento de la Vera Cruz, son ricos en simbolismo y narración bíblicos. Estas ocasiones están marcadas por procesiones, cantos y recreaciones dramáticas que sumergen a los participantes en las narrativas sagradas.

En los tiempos modernos, se han realizado esfuerzos para documentar y preservar estas tradiciones orales, asegurando que sigan siendo una parte vital del patrimonio cultural de Etiopía. Los académicos y las organizaciones culturales trabajan junto con la iglesia para registrar y estudiar estas historias, reconociendo su valor no sólo como enseñanzas espirituales sino también como tesoros históricos y literarios.

A través de su integración en las tradiciones orales y la literatura, la Biblia ortodoxa etíope continúa dando forma a la vida cultural y espiritual de Etiopía. Sus historias trascienden el tiempo y las generaciones y ofrecen guía, inspiración y una profunda conexión con lo divino. Al preservar y volver a contar estas narrativas, los etíopes defienden su fe y garantizan que la sabiduría de sus textos sagrados siga siendo una parte viva y vibrante de su identidad.

Personajes históricos moldeados por la Biblia ortodoxa etíope

La Biblia ortodoxa etíope ha influido profundamente en muchas figuras históricas cuyas vidas y contribuciones han dado forma a la fe, la cultura y la historia en Etiopía y más allá. Estos individuos, guiados por las enseñanzas de la Biblia, se convirtieron en símbolos de devoción, sabiduría y liderazgo, dejando un legado duradero para sus comunidades.

El rey Ezana de Aksum es una de las figuras más importantes formadas por la Biblia ortodoxa etíope. Gobernó durante el siglo IV y es recordado como el primer rey cristiano de Etiopía. Su conversión al cristianismo marcó un punto de inflexión en la historia de Etiopía, ya que estableció el cristianismo como religión del estado. El reinado del rey Ezana se caracterizó por sus esfuerzos por difundir las enseñanzas de la Biblia por todo su reino. Las monedas acuñadas durante su gobierno a menudo llevaban símbolos cristianos, lo que reflejaba su dedicación a la promoción de la fe. Su liderazgo sentó las bases de las profundas raíces cristianas de Etiopía, que continúan influyendo en la nación en la actualidad.

San Yared, otra figura histórica destacada, se inspiró en la Biblia ortodoxa etíope para crear la rica tradición de música religiosa de Etiopía. A Yared, que vivió en el siglo VI, se le atribuye la composición de las melodías litúrgicas únicas utilizadas en el culto ortodoxo etíope. Sus himnos, basados en pasajes bíblicos, capturan temas de alabanza, arrepentimiento y devoción. La música sacra que desarrolló sigue siendo fundamental para la liturgia ortodoxa etíope, conectando a los fieles con la profundidad espiritual de la Biblia. Las contribuciones de Saint Yared no sólo enriquecieron las prácticas religiosas sino que también dieron forma a la identidad cultural etíope.

La emperatriz Mentewab, que vivió en el siglo XVIII, estuvo profundamente influenciada por la Biblia ortodoxa etíope y sus enseñanzas sobre liderazgo y justicia. Como regente y figura política prominente, gobernó Etiopía con sabiduría y justicia, basándose en principios bíblicos. Mentewab también fue un mecenas de las artes y la religión, y encargó la construcción de iglesias y monasterios que se convirtieron en centros de aprendizaje y culto. Su reinado ejemplificó cómo la Biblia podía inspirar a los líderes a promover el desarrollo tanto espiritual como cultural.

Otra figura influyente es el emperador Menelik II, cuyo liderazgo a finales del siglo XIX y principios del XX estuvo guiado por la Biblia ortodoxa etíope. Menelik II es recordado por sus esfuerzos por unificar Etiopía y resistir la agresión colonial. Su fe jugó un papel central en su toma de decisiones y, a menudo, recurría a la Biblia en busca de fortaleza y dirección. Bajo su reinado, Etiopía mantuvo su independencia, convirtiéndose en un símbolo de resiliencia y fe para otras naciones africanas. La dependencia del emperador de las enseñanzas bíblicas reforzó la conexión entre la identidad espiritual y nacional.

Abune Petros, un destacado obispo y mártir ortodoxo etíope, se inspiró en la Biblia en su resistencia contra la ocupación extranjera durante la década de 1930. Se mantuvo firme en su fe, abogando por la justicia y la dignidad de su pueblo. Sus sermones y acciones reflejaron el valor moral y la rectitud que se enseñan en la Biblia. Incluso frente a la persecución y ejecución, Abune Petros se mantuvo firme en sus creencias, convirtiéndose en un símbolo de fe y sacrificio.

La reina Taytu Betul, esposa del emperador Menelik II, fue otra figura histórica moldeada por la Biblia ortodoxa etíope. Conocida por su inteligencia y liderazgo, desempeñó un papel crucial en la batalla de Adwa, donde Etiopía derrotó a un ejército colonial invasor. Su fe y su confianza en las enseñanzas bíblicas de valentía y perseverancia inspiraron sus decisiones. La reina Taytu también apoyó a la Iglesia Ortodoxa Etíope, contribuyendo a su crecimiento e influencia durante su época.

También deben reconocerse las contribuciones de los monjes y eruditos ortodoxos etíopes. Figuras como Abba Salama, conocido como el "Padre de la Paz", trabajaron incansablemente para traducir y preservar la Biblia en Etiopía. Su dedicación aseguró que las Escrituras fueran accesibles para el pueblo etíope en su idioma nativo. Estos eruditos enfatizaron la importancia de la educación y el crecimiento espiritual, fomentando una tradición de estudio y reflexión bíblicos que continúa prosperando.

El emperador Haile Selassie I, que gobernó Etiopía en el siglo XX, citaba a menudo la Biblia ortodoxa etíope como fuente de orientación en su gobierno y diplomacia internacional. Enfatizó los valores de paz, unidad y justicia que se encuentran en las Escrituras y defendió estos principios en un escenario global. Los discursos y escritos de Haile Selassie frecuentemente hacían referencia a pasajes bíblicos, lo que refleja su creencia en la capacidad de la Biblia para inspirar cambios positivos. Su fe y liderazgo siguen siendo celebrados por los seguidores de la Iglesia Ortodoxa Etíope y el movimiento rastafari.

Las contribuciones de estas figuras históricas demuestran el profundo impacto de la Biblia ortodoxa etíope en las personas y su capacidad para moldear la fe y la cultura. Cada figura se basó en las enseñanzas de la Biblia para guiar sus acciones, inspirar a sus comunidades y dejar un legado de devoción y servicio. A través de sus vidas y obras, ejemplificaron cómo las Escrituras pueden proporcionar dirección, fortaleza y propósito tanto en asuntos espirituales como mundanos. Sus historias siguen siendo una fuente de inspiración que anima a otros a vivir con fe, integridad y

compromiso con los valores que se enseñan en la
Biblia.

126

CAPÍTULO 7

La Biblia ortodoxa etíope y el cristianismo global

Una conexión con la iglesia primitiva

La Biblia ortodoxa etíope ocupa un lugar importante en la historia del cristianismo y sirve como puente entre las tradiciones orientales y occidentales. Su conexión con el cristianismo primitivo proporciona un vínculo valioso con las raíces de la fe, destacando la universalidad y diversidad de la tradición cristiana.

Los orígenes de la Iglesia Ortodoxa Etíope se remontan a la época de los apóstoles. Según la tradición, el cristianismo fue introducido en Etiopía en el siglo I a través del eunuco etíope mencionado en los Hechos de los Apóstoles. Este eunuco, funcionario de la corte de la reina Candace, fue bautizado por Felipe Evangelista después de leer las Escrituras. Este evento sentó las bases para la fe en Etiopía, conectando la Biblia ortodoxa etíope con la comunidad cristiana primitiva y sus enseñanzas.

La conversión formal de Etiopía al cristianismo se produjo en el siglo IV, bajo el reinado del rey Ezana de Aksum. La influencia de misioneros como Frumentius, quien se convirtió en el primer obispo de Etiopía, aseguró que las enseñanzas de la Biblia se integraran en la vida etíope. Estas primeras conexiones vincularon a Etiopía con el mundo cristiano en general, en particular con la Iglesia de Alejandría en Egipto, que jugó un papel importante en la configuración de la teología y la interpretación bíblica etíopes.

La Biblia ortodoxa etíope refleja estas primeras conexiones cristianas. Incluye un canon que es más amplio que el de la mayoría de las otras tradiciones cristianas, y abarca textos como el Libro de Enoc, el Libro de los Jubileos y salmos y escritos adicionales. Muchos de estos textos fueron muy apreciados en el mundo cristiano primitivo, pero luego fueron excluidos de otros cánones bíblicos. Su preservación en Etiopía proporciona una idea de la diversidad de las escrituras y la teología cristianas primitivas.

Una de las formas en que la Biblia ortodoxa etíope une Oriente y Occidente es a través de sus prácticas litúrgicas y su énfasis teológico. La Iglesia etíope comparte similitudes con las tradiciones ortodoxas orientales, como un fuerte enfoque en el monaquismo, elaborados rituales litúrgicos y la veneración de los santos. Al mismo tiempo, tiene características únicas que lo distinguen, como su canon bíblico específico y sus expresiones culturales de fe. Esta combinación de elementos únicos y compartidos demuestra cómo la Iglesia Ortodoxa Etíope ha mantenido su identidad distintiva sin dejar de estar conectada a la tradición cristiana más amplia.

La preservación de textos antiguos dentro de la Biblia ortodoxa etíope también ha contribuido al cristianismo global. La inclusión de obras como el Libro de Enoc, por ejemplo, ha proporcionado a los estudiosos conocimientos críticos sobre el pensamiento judío y cristiano durante el período del Segundo Templo. Estos textos, que alguna vez se perdieron para otras comunidades cristianas, se han estudiado para comprender mejor el desarrollo de la teología cristiana primitiva y la diversidad de interpretaciones de las Escrituras.

La ubicación geográfica de Etiopía subraya aún más su papel como puente entre Oriente y Occidente. Situada en el Cuerno de África, Etiopía interactuó históricamente con las culturas del Mediterráneo y del Cercano Oriente. Esta posición única permitió que el cristianismo etíope se desarrollara como una fe que incorporaba elementos de ambas regiones. El uso del idioma Ge'ez en la Biblia ortodoxa etíope demuestra estas interacciones, ya que el propio

Ge'ez fue influenciado por lenguas semíticas del Cercano Oriente.

Además de sus conexiones teológicas y litúrgicas, la Iglesia Ortodoxa Etíope ha mantenido relaciones con otras comunidades cristianas a lo largo de los siglos. Durante el período medieval temprano, el cristianismo etíope fue reconocido por otras naciones cristianas como parte de la familia cristiana más amplia. Las peregrinaciones y los intercambios de cartas entre gobernantes etíopes y líderes de otros reinos cristianos, como Bizancio, resaltaron un sentido compartido de fe y propósito. Estos intercambios a menudo se centraron en enseñanzas bíblicas comunes y el respeto mutuo por el texto sagrado.

La Biblia ortodoxa etíope también jugó un papel en el fomento de conexiones durante la era de la exploración. Cuando los exploradores europeos encontraron Etiopía, quedaron impresionados por la profundidad de sus tradiciones cristianas. A pesar de las diferencias en la práctica y la teología, hubo un reconocimiento de raíces bíblicas compartidas. Esta conexión despertó curiosidad y diálogo, incluso cuando surgieron tensiones teológicas y políticas.

En los tiempos modernos, la Biblia ortodoxa etíope sigue sirviendo de puente en los diálogos ecuménicos. La Iglesia Ortodoxa Etíope participa activamente en foros cristianos globales y aporta sus perspectivas únicas sobre las Escrituras y la tradición. Su compromiso de preservar los textos y prácticas antiguos ofrece lecciones valiosas sobre la importancia de mantener la continuidad con las enseñanzas cristianas primitivas mientras se abordan los desafíos contemporáneos.

La conexión de la Biblia ortodoxa etíope con la Iglesia primitiva también resalta la universalidad del mensaje cristiano. Recuerda a los cristianos de todo el mundo que la fe no se limita a una sola cultura o región, sino que es una tradición global con muchas expresiones. Este entendimiento fomenta un sentido de unidad y respeto mutuo entre diversas comunidades cristianas.

Al preservar los primeros escritos cristianos, mantener antiguas tradiciones litúrgicas y fomentar relaciones con otras comunidades cristianas, la Biblia ortodoxa etíope ha enriquecido el cristianismo mundial. Es un testimonio del legado perdurable de la Iglesia primitiva y su capacidad para inspirar fe a través de culturas y generaciones. Su papel como puente entre Oriente y Occidente subraya la herencia compartida de los cristianos en todo el mundo y la importancia de abrazar la diversidad dentro de esa herencia.

Influencia de las Escrituras etíopes en el cristianismo africano

La Biblia ortodoxa etíope ha dado forma significativa al cristianismo africano, influyendo en la teología, la cultura y las prácticas espirituales en todo el continente. Su rico patrimonio, su canon bíblico único y su larga tradición han hecho de Etiopía un faro de identidad cristiana en África, ofreciendo inspiración y guía a muchas comunidades.

Uno de los impactos más profundos de la Biblia ortodoxa etíope es su demostración del cristianismo como parte integral de la historia africana. A diferencia de otras regiones donde el cristianismo fue introducido a través del colonialismo, Etiopía abrazó la fe durante los primeros siglos de la Iglesia. Esta temprana adopción sirvió como una poderosa afirmación de que el cristianismo no es una importación extranjera sino una fe profundamente arraigada en suelo africano. La Biblia ortodoxa etíope, escrita en ge'ez y que refleja las tradiciones locales, se convirtió en una piedra angular de esta identidad, mostrando cómo las Escrituras podían adaptarse para reflejar las lenguas y culturas africanas.

El canon ampliado de la Biblia ortodoxa etíope también ha enriquecido el cristianismo africano. Al incluir libros como Enoc y Jubileos, ofrece una perspectiva teológica más amplia que resuena con muchas tradiciones espirituales africanas. Estos textos exploran temas como la justicia divina, las batallas cósmicas y el papel de los ángeles, que se alinean estrechamente con las cosmovisiones africanas. Esta inclusión ha proporcionado un marco teológico que cierra la brecha entre las creencias africanas tradicionales y las enseñanzas cristianas, fomentando una comprensión y aceptación más profundas de la fe.

La tradición etíope de interpretar las Escrituras de manera que reflejen valores comunitarios y espirituales ha influido en la forma en que el cristianismo africano aborda la Biblia. Durante siglos, los eruditos ortodoxos etíopes han enfatizado las lecciones morales y éticas de las Escrituras, alentando a los creyentes a vivir una vida basada en la justicia, la humildad y el amor por los demás.

Este enfoque ha inspirado a muchas comunidades cristianas africanas a ver la Biblia no sólo como un texto sagrado sino también como una guía para la transformación personal y comunitaria.

La Biblia ortodoxa etíope ha desempeñado un papel en la configuración de las prácticas litúrgicas de otras tradiciones cristianas africanas. El uso de las Escrituras por parte de la Iglesia etíope en el culto, incluido el canto de salmos y la lectura de pasajes durante las ceremonias, ha inspirado prácticas similares en todo el continente. Estas tradiciones resaltan la centralidad de la Biblia en la adoración, mostrando cómo las Escrituras pueden celebrarse de maneras que involucren el corazón, la mente y el alma. Para muchos cristianos africanos, este modelo demuestra cómo la Biblia puede ser una parte viva y dinámica de sus vidas espirituales.

El cristianismo etíope también ha contribuido al patrimonio cultural de África a través de sus expresiones artísticas inspiradas en las Escrituras.

Los manuscritos iluminados, la iconografía bíblica y la arquitectura de la iglesia basada en temas bíblicos son características distintivas de la cultura cristiana etíope. Estas creaciones no sólo han preservado las historias y enseñanzas de la Biblia, sino que también han servido como testimonio de la profunda conexión entre fe y creatividad. Otras comunidades cristianas africanas se han inspirado en este legado, incorporando temas bíblicos en su propio arte, música y narraciones.

El énfasis de la Biblia ortodoxa etíope en la comunidad y la unidad ha influido en la forma en que el cristianismo africano aborda los desafíos sociales y culturales. Muchas de sus enseñanzas enfatizan la importancia del cuidado mutuo, el perdón y la reconciliación. Estos principios han sido particularmente significativos en contextos donde las comunidades africanas han enfrentado división, conflicto o presiones externas. El ejemplo etíope ha demostrado cómo las Escrituras pueden ser una fuente de esperanza y sanación, proporcionando una base para construir sociedades más fuertes y compasivas.

El papel histórico de Etiopía como bastión cristiano también ha inspirado al cristianismo africano en tiempos de lucha. Cuando las potencias coloniales introdujeron el cristianismo en otras partes de África, a menudo impusieron marcos culturales y teológicos europeos. Sin embargo, la tradición cristiana independiente de Etiopía sirvió como recordatorio de que los cristianos africanos podían afirmar su propia identidad e interpretar las Escrituras a través de su propia lente cultural. Esta influencia ha sido particularmente importante en el África poscolonial, donde muchas iglesias han tratado de descolonizar su teología y redescubrir sus raíces africanas.

La Biblia ortodoxa etíope ha sido una fuente de inspiración para la teología de la liberación africana. Basándose en temas de justicia y liberación que se encuentran en las Escrituras, los teólogos africanos han resaltado la relevancia de la Biblia para las luchas contra la opresión, la pobreza y la desigualdad. El compromiso de larga data de la Iglesia etíope con la fe como medio de empoderamiento ha puesto de relieve el potencial de la Biblia para abordar los desafíos contemporáneos. Al enfatizar el papel de las Escrituras en la promoción de la dignidad humana y la justicia social, Etiopía ha contribuido a una comprensión más amplia de cómo la fe puede transformar la sociedad.

La relación de Etiopía con sus Escrituras también ha influido en cómo el cristianismo africano valora la preservación y transmisión de la Biblia. La Iglesia etíope ha mantenido manuscritos y tradiciones antiguos durante siglos, a menudo en circunstancias difíciles. Esta dedicación ha inspirado a otras comunidades cristianas africanas a invertir en el estudio y la traducción de la Biblia a los idiomas locales, asegurando que las Escrituras sigan siendo accesibles y relevantes para poblaciones diversas.

La Biblia ortodoxa etíope ha servido de modelo para el diálogo y la coexistencia interreligiosos. En Etiopía, el cristianismo ha existido junto con otras religiones, incluido el Islam y las creencias tradicionales africanas, durante siglos. El énfasis de la Iglesia etíope en los valores bíblicos de amor y comprensión ha fomentado relaciones pacíficas y respeto mutuo entre diferentes comunidades religiosas. Este ejemplo ha sido una fuente de orientación para las naciones africanas que se esfuerzan por fomentar la armonía en sus diversas sociedades.

El impacto de la Biblia ortodoxa etíope en el cristianismo africano continúa creciendo en la era moderna. Mientras las iglesias africanas participan en conversaciones globales sobre teología y cultura, la rica herencia bíblica de Etiopía ofrece perspectivas valiosas. Su enfoque único de las Escrituras, basado tanto en la tradición como en la relevancia, demuestra el poder duradero de la Biblia para moldear la fe y la cultura a través del tiempo y la geografía.

La Biblia ortodoxa etíope ha dejado una marca indeleble en el cristianismo africano, influyendo en su teología, cultura y prácticas. Al preservar sus antiguas tradiciones y al mismo tiempo abordar las necesidades contemporáneas, Etiopía ha demostrado cómo la Biblia puede ser una fuente de fortaleza e inspiración para los cristianos africanos. Este legado continúa inspirando a las nuevas generaciones, fomentando una conexión más profunda con las Escrituras y un compromiso renovado de vivir sus enseñanzas en el contexto africano.

El papel de la Biblia ortodoxa etíope en los diálogos ecuménicos

La Biblia ortodoxa etíope ocupa una posición única y significativa en el fomento de la comprensión y la unidad en los diálogos ecuménicos globales. Su rica historia, su canon bíblico distintivo y sus tradiciones teológicas ofrecen perspectivas valiosas que contribuyen a las discusiones sobre la fe compartida y la diversidad dentro de la comunidad cristiana global. Este texto sagrado se ha convertido en un puente entre diferentes tradiciones, promoviendo el respeto mutuo y la colaboración entre cristianos de diversas denominaciones.

Una de las formas clave en que la Biblia ortodoxa etíope contribuye a los diálogos ecuménicos es a través de su conexión con la Iglesia cristiana primitiva. La Iglesia Ortodoxa Etíope Tewahedo es una de las tradiciones cristianas más antiguas y tiene sus raíces en los primeros siglos después de Cristo. La Biblia de la Iglesia conserva muchos textos y prácticas antiguos que reflejan el cristianismo primitivo y ofrecen información sobre cómo se entendía y practicaba la fe en sus años de formación. Al compartir estas perspectivas, la Iglesia etíope proporciona un vínculo con los orígenes del cristianismo, fomentando una comprensión más profunda entre las denominaciones que buscan reconectarse con las raíces históricas de su fe.

La Biblia ortodoxa etíope es única en su canon ampliado, que incluye libros que no se encuentran en la mayoría de las otras Biblias cristianas. Estos textos adicionales, como el Libro de Enoc, los Jubileos y el Pastor de Hermas, reflejan ideas y narrativas teológicas que influyeron en la Iglesia primitiva pero que son menos familiares para muchos cristianos modernos. Al compartir estos escritos en entornos ecuménicos, la Iglesia etíope amplía la conversación teológica, alentando a otras denominaciones a considerar diversas perspectivas sobre las Escrituras y su interpretación. Esta apertura al diálogo sobre el canon demuestra un espíritu de inclusión y respeto por las diferentes tradiciones.

El uso litúrgico de las Escrituras por parte de la Iglesia Ortodoxa Etíope también enriquece los debates ecuménicos. La Biblia es fundamental para el culto etíope, con extensas lecturas, cánticos e himnos extraídos de sus textos. Estas prácticas enfatizan el papel de la Biblia como documento vivo que da forma a la vida espiritual de la comunidad. En los diálogos ecuménicos, los representantes ortodoxos etíopes suelen compartir sus tradiciones litúrgicas, inspirando a otras denominaciones a explorar nuevas formas de integrar las Escrituras en el culto. Este intercambio profundiza la comprensión y el aprecio mutuos por las diversas expresiones de la fe cristiana.

El énfasis teológico de la Biblia ortodoxa etíope contribuye a la unidad ecuménica al resaltar las creencias compartidas. Las enseñanzas de la Iglesia sobre la naturaleza de Dios, la cristología y la salvación se alinean estrechamente con las doctrinas centrales de muchas tradiciones cristianas. Estas creencias compartidas proporcionan una base para el diálogo, permitiendo a las denominaciones centrarse en los puntos en común en lugar de las diferencias. El énfasis de la Iglesia etíope en la unidad y la reconciliación, profundamente arraigado en sus interpretaciones de las Escrituras, sirve como modelo para construir puentes entre diversas comunidades cristianas.

La influencia de la Biblia ortodoxa etíope en el cristianismo africano también desempeña un papel en los diálogos ecuménicos. Como una de las pocas tradiciones cristianas en África con orígenes antiguos, la Iglesia etíope se ha convertido en una fuente de inspiración para los cristianos africanos que buscan recuperar su herencia y contribuir al cristianismo global. Al participar en debates ecuménicos, la Iglesia etíope ayuda a amplificar las voces africanas, asegurando que las perspectivas únicas del continente estén representadas en las conversaciones sobre el futuro de la Iglesia global. Esta inclusión fortalece el movimiento ecuménico al celebrar la diversidad de la familia cristiana.

Además de sus contribuciones teológicas, la Biblia ortodoxa etíope promueve la comprensión cultural en los diálogos ecuménicos. El cristianismo etíope está profundamente entrelazado con la historia, el arte y las tradiciones del país, que a menudo se reflejan en sus manuscritos e interpretaciones bíblicas. Los intrincados manuscritos iluminados de la Biblia etíope, con sus vibrantes representaciones de escenas bíblicas, brindan una idea de cómo las Escrituras han dado forma a la cultura etíope. Compartir estas expresiones artísticas y culturales en entornos ecuménicos fomenta una mayor apreciación de cómo se ha vivido y celebrado el cristianismo en diferentes partes del mundo.

La Biblia ortodoxa etíope también desempeña un papel a la hora de abordar los desafíos a la unidad cristiana. En un mundo cada vez más globalizado, las divisiones dentro del cristianismo a menudo surgen de diferencias culturales, teológicas o históricas. La larga historia de la Iglesia etíope de mantener su identidad mientras se involucra con diversas tradiciones ofrece lecciones valiosas para afrontar estos desafíos. Su participación en diálogos ecuménicos demuestra cómo las iglesias pueden preservar su carácter distintivo mientras trabajan hacia objetivos comunes, como la justicia social, la paz y la difusión del Evangelio.

El compromiso de la Iglesia Ortodoxa Etíope con otras tradiciones cristianas a través de su Biblia también resalta la importancia del diálogo como medio de enriquecimiento mutuo. Al compartir sus interpretaciones bíblicas únicas, la Iglesia alienta a otras denominaciones a reflexionar sobre sus propias tradiciones y explorar nuevas formas de entender la Biblia. Este intercambio fomenta la humildad y la apertura, ayudando a derribar barreras que a menudo obstaculizan la colaboración entre cristianos.

El papel de la Biblia ortodoxa etíope en los diálogos ecuménicos se extiende más allá de la comunidad cristiana y abarca los debates interreligiosos. La larga historia de coexistencia de Etiopía entre cristianos, musulmanes y seguidores de religiones tradicionales africanas proporciona un modelo para fomentar la armonía en un mundo diverso. Las enseñanzas de la Biblia sobre el amor, el perdón y la compasión sirven como base para construir relaciones con personas de otras religiones. Al compartir estos valores en entornos ecuménicos e interreligiosos, la Iglesia etíope contribuye a una visión más amplia de unidad y paz.

La Biblia ortodoxa etíope también subraya la importancia de las Escrituras como fuerza unificadora. A pesar de las diferencias en interpretación y práctica, la Biblia sigue siendo un fundamento común para todas las tradiciones cristianas. La profunda reverencia de la Iglesia etíope por las Escrituras, demostrada a través de su cuidadosa preservación y uso en el culto, sirve como recordatorio del papel central que desempeña la Biblia en la identidad cristiana. Este compromiso compartido con las Escrituras proporciona una base para el diálogo, animando a los cristianos a unirse en su amor común por la Palabra de Dios.

La Biblia ortodoxa etíope ha hecho contribuciones significativas a los diálogos ecuménicos globales, ofreciendo una perspectiva única que fomenta la comprensión y la unidad entre las tradiciones cristianas. Su conexión con el cristianismo primitivo, su canon ampliado, su uso litúrgico y su herencia cultural enriquecen las conversaciones teológicas y culturales que definen el movimiento ecuménico. Al compartir sus tradiciones bíblicas, la Iglesia Ortodoxa Etíope continúa construyendo puentes entre denominaciones, promoviendo una visión de unidad que celebra la diversidad y fortalece a la familia cristiana global.

CAPÍTULO 8

Desafíos y relevancia moderna

Preservación en medio de la globalización

La Biblia ortodoxa etíope es un texto antiguo y notable que lleva un legado único que conecta la fe, la cultura y la historia. En el contexto de la globalización moderna, preservar este tesoro conlleva importantes desafíos. Estos desafíos incluyen cambios culturales, la influencia de la tecnología, prácticas religiosas cambiantes y presiones de un mundo globalizado. A pesar de estas dificultades, se están haciendo esfuerzos para salvaguardar la Biblia ortodoxa etíope para las generaciones futuras.

Uno de los principales desafíos es la influencia de la tecnología y los medios modernos en las culturas tradicionales. Con el auge de las plataformas digitales y la comunicación global, las generaciones más jóvenes a menudo se sienten atraídas por ideas y estilos de vida modernos que difieren de las tradiciones de sus antepasados. Este cambio puede crear una brecha entre los etíopes mayores y los más jóvenes en la forma en que ven y usan la Biblia. La Iglesia Ortodoxa Etíope se basa en lenguas antiguas como el ge'ez, que es fundamental para comprender la Biblia en su forma original. Sin embargo, muchos etíopes más jóvenes tienen dificultades para conectarse con el idioma, lo que limita su capacidad para involucrarse profundamente con el texto.

La globalización también introduce el riesgo de homogeneizar las prácticas religiosas. A medida que las ideas y creencias fluyen libremente a través de las fronteras, las tradiciones locales a veces pueden verse eclipsadas por influencias globales más dominantes. La Biblia ortodoxa etíope contiene libros y enseñanzas que no se encuentran en la mayoría de las otras Biblias cristianas, lo que refleja la perspectiva teológica única de la Iglesia etíope. Mantener este carácter distintivo mientras se participa en una comunidad cristiana globalizada requiere un equilibrio cuidadoso. Existe la preocupación de que las tradiciones únicas de la Iglesia puedan diluirse en un esfuerzo por alinearse con tendencias más amplias del cristianismo.

La preservación física de la Biblia ortodoxa etíope es otro desafío importante. Muchos de los manuscritos más antiguos están escritos a mano y almacenados en monasterios e iglesias de toda Etiopía. Estos manuscritos suelen ser frágiles, vulnerables a los daños ambientales y corren el riesgo de perderse con el tiempo. La modernización en Etiopía ha llevado en ocasiones a descuidar estos tesoros, ya que los recursos se centran en el desarrollo urbano y los avances tecnológicos. Además, la amenaza de robo o comercio ilegal de estos manuscritos supone un peligro para la preservación de este patrimonio cultural.

La difusión de los sistemas educativos modernos también afecta la forma tradicional de transmitir la Biblia ortodoxa etíope. En el pasado, la educación religiosa era el principal método de aprendizaje para muchos etíopes. La Iglesia jugó un papel central en la enseñanza de las Escrituras y el mantenimiento de las tradiciones asociadas con la Biblia. Sin embargo, con la introducción de la educación secular, menos niños reciben formación religiosa, lo que reduce su exposición a la rica herencia de la Biblia ortodoxa etíope. Este cambio crea un desafío al transmitir la profunda conexión espiritual y cultural con el texto.

La globalización también ha traído desafíos en términos de influencias religiosas en competencia. La Iglesia Ortodoxa Etíope es una de las tradiciones cristianas más antiguas, pero en un mundo globalizado, otras denominaciones y religiones cristianas han ganado prominencia en Etiopía. Estas nuevas influencias a veces desafían la autoridad y las prácticas de la Iglesia Ortodoxa, incluido su uso único de la Biblia. A medida que aumenta la diversidad religiosa, la Iglesia Ortodoxa Etíope enfrenta la tarea de mantener su identidad y tradiciones en un panorama espiritual cambiante.

A pesar de estos desafíos, se están realizando esfuerzos para preservar la Biblia ortodoxa etíope. La Iglesia ha estado trabajando activamente para traducir la Biblia a idiomas modernos para hacerla más accesible a las generaciones más jóvenes. Al proporcionar traducciones al amárico y otros idiomas etíopes, la Iglesia garantiza que las enseñanzas de la Biblia sigan siendo relevantes y comprensibles en el mundo actual. Además, el uso de herramientas digitales para preservar y compartir los manuscritos se ha convertido en una estrategia importante. Digitalizar textos antiguos y ponerlos a disposición en línea ayuda a protegerlos del daño físico y los hace accesibles a una audiencia global.

Los programas de educación cultural también desempeñan un papel vital en la preservación del legado de la Biblia ortodoxa etíope. Al enseñar a niños y jóvenes sobre el significado histórico y espiritual de la Biblia, estos programas ayudan a fomentar un sentido de orgullo y responsabilidad por mantener su herencia. Los eventos comunitarios, festivales y ceremonias religiosas son oportunidades para reforzar la conexión entre la Biblia ortodoxa etíope y la identidad etíope.

Las asociaciones con organizaciones internacionales y académicos también han contribuido a los esfuerzos de preservación. Investigadores e historiadores trabajan con la Iglesia Ortodoxa Etíope para documentar, estudiar y proteger manuscritos antiguos. Estas colaboraciones a menudo implican compartir mejores prácticas para conservar documentos frágiles y crear conciencia sobre la importancia de preservar el patrimonio religioso y cultural de Etiopía.

La diáspora etíope también desempeña un papel crucial en la preservación del legado de la Biblia en medio de la globalización. Los etíopes que viven en el extranjero suelen establecer iglesias y comunidades ortodoxas donde continúan practicando su fe y defendiendo sus tradiciones. Estas comunidades sirven como puentes entre Etiopía y el resto del mundo, asegurando que la Biblia ortodoxa etíope siga siendo una parte viva del cristianismo global. Las comunidades de la diáspora suelen organizar eventos culturales, clases de idiomas y servicios religiosos que conectan a las generaciones más jóvenes con su herencia.

Preservar la Biblia ortodoxa etíope en un mundo globalizado requiere una combinación de tradición e innovación. Implica adaptarse a las realidades modernas sin dejar de ser fiel a las creencias y prácticas fundamentales de la Iglesia Ortodoxa Etíope. Este delicado equilibrio garantiza que la Biblia siga siendo no sólo un artefacto histórico sino una fuente viva de fe e inspiración para la gente de hoy.

La Biblia ortodoxa etíope enfrenta desafíos en su preservación debido a la globalización, los cambios culturales y las prácticas religiosas cambiantes. Sin embargo, con esfuerzos dedicados de la Iglesia, la comunidad etíope y los socios internacionales, este legado único puede salvaguardarse para las generaciones futuras. Al abrazar tanto la tradición como la modernidad, la Biblia ortodoxa etíope seguirá inspirando y guiando a personas de todo el mundo.

La relevancia de la Biblia etíope para la espiritualidad moderna

La Biblia ortodoxa etíope ocupa un lugar único en el mundo de la espiritualidad, ya que ofrece profunda sabiduría y enseñanzas que siguen siendo relevantes para los desafíos espirituales modernos. Como una de las escrituras cristianas más antiguas, contiene conocimientos profundos que abordan las necesidades humanas de conexión, significado y guía en un mundo que cambia rápidamente. Sus enseñanzas sobre la fe, la moralidad, la comunidad y la transformación personal proporcionan una base para navegar las complejidades de la vida contemporánea.

Uno de los aspectos clave de la Biblia ortodoxa etíope es su énfasis en la relación entre la humanidad y Dios. Retrata esta conexión como profundamente personal, arraigada en la confianza, el amor y la reverencia. En un mundo donde muchos se sienten desconectados y espiritualmente a la deriva, la Biblia invita a las personas a buscar consuelo y propósito en Dios. Pasajes como los que se encuentran en los Salmos expresan las luchas y los triunfos de la fe, y resuenan en los lectores modernos que buscan esperanza y aliento en su vida diaria.

La Biblia ortodoxa etíope también ofrece sabiduría sobre la vida moral y ética. Sus mandamientos y enseñanzas brindan una guía clara sobre cómo llevar una vida de integridad y virtud. En una época en la que a menudo surgen dilemas éticos en entornos personales, sociales y profesionales, el énfasis de la Biblia en la honestidad, la compasión y la humildad sirve como brújula moral. Las historias de personajes bíblicos como José, que se mantuvo firme en sus principios a pesar de la adversidad, inspiran a las personas a tomar decisiones éticas incluso en circunstancias difíciles.

La vida comunitaria y el apoyo mutuo son temas centrales en la Biblia ortodoxa etíope. Subraya la importancia de la unidad, la cooperación y el cuidado mutuo. Estas enseñanzas son particularmente relevantes en el mundo actual, donde la fragmentación social y el individualismo a menudo eclipsan los vínculos comunitarios. Al promover valores de empatía y servicio, la Biblia anima a las personas a construir comunidades más fuertes y compasivas. La práctica cristiana primitiva de compartir recursos y apoyar a los vulnerables, como se describe en los Hechos de los Apóstoles, es un modelo para abordar las desigualdades sociales modernas.

La Biblia ortodoxa etíope también aborda el hambre espiritual de paz interior y autoconciencia. Proporciona herramientas para la introspección y el crecimiento espiritual, enfatizando la oración, la meditación y el arrepentimiento. Estas prácticas son invaluables para las personas que enfrentan el estrés y las distracciones de la vida contemporánea. Las ricas tradiciones litúrgicas de la Biblia, que incluyen el uso de salmos e himnos, crean oportunidades para que las personas se conecten con lo divino y encuentren tranquilidad en medio del caos.

El perdón y la reconciliación son temas recurrentes en la Biblia ortodoxa etíope. En un mundo marcado por el conflicto y la división, estas enseñanzas ofrecen un camino hacia la curación y la restauración. Historias como la reconciliación entre Jacob y Esaú demuestran el poder del perdón para reparar relaciones rotas. La Biblia recuerda a las personas y a las comunidades que el perdón no es sólo un deber moral sino también una fuente de liberación y paz.

La espiritualidad moderna a menudo se enfrenta a preguntas sobre el propósito de la vida y la naturaleza del sufrimiento. La Biblia ortodoxa etíope proporciona respuestas a través de sus reflexiones teológicas y filosóficas. Enfatiza el poder redentor del sufrimiento y el potencial transformador de los desafíos. La historia de Job, por ejemplo, explora temas de paciencia, resiliencia y fe ante la adversidad. Estas enseñanzas ayudan a las personas a encontrar significado a sus luchas y las alientan a perseverar con esperanza.

La Biblia ortodoxa etíope también aborda las preocupaciones contemporáneas sobre la justicia y la igualdad. Aboga por la justicia y la compasión, llamando a los creyentes a defender a los oprimidos y cuidar a los marginados. Este mensaje se alinea con los movimientos modernos por la justicia social y proporciona una base espiritual para el activismo y la promoción. Pasajes como los del profeta Isaías desafían a los individuos y a las sociedades a actuar con justicia y defender la dignidad de cada persona.

La gestión ambiental es otra área donde la Biblia ortodoxa etíope ofrece orientación relevante. Retrata la creación como un regalo sagrado de Dios, confiado al cuidado de la humanidad. En una época de degradación ambiental y cambio climático, las enseñanzas de la Biblia sobre el respeto y la preservación de la naturaleza son especialmente significativas. El relato de la creación del Génesis y la celebración del mundo natural en los Salmos inspiran un sentido de responsabilidad hacia el medio ambiente y fomentan una vida sostenible.

La Biblia ortodoxa etíope también enfatiza la importancia de la disciplina espiritual y el autocontrol. Sus enseñanzas sobre el ayuno, la oración y la humildad brindan herramientas prácticas para superar los desafíos modernos como el materialismo, el exceso y el egocentrismo. Estas prácticas ayudan a las personas a cultivar una vida equilibrada y significativa, alineando sus acciones con sus valores espirituales.

La inclusión y celebración de la diversidad de la Biblia son particularmente significativas en el mundo interconectado de hoy. Reconoce la unidad de todas las personas bajo Dios, trascendiendo las divisiones de raza, etnia y estatus social. La tradición ortodoxa etíope, con su combinación única de herencia africana y cristiana, ejemplifica esta inclusión. Al abrazar la diversidad, la Biblia fomenta un sentido de humanidad compartida y respeto mutuo.

Las enseñanzas de la Biblia ortodoxa etíope sobre la fe, la moralidad, la comunidad y el crecimiento personal siguen siendo tan relevantes hoy como lo fueron hace siglos. Su sabiduría eterna brinda orientación a las personas que buscan un propósito, paz y conexión en un mundo que cambia rápidamente. Al involucrarse con sus enseñanzas, las personas pueden afrontar los desafíos espirituales modernos con fuerza y claridad, inspirándose en las ricas tradiciones del cristianismo etíope. A través de sus profundos conocimientos y su perdurable relevancia, la Biblia ortodoxa etíope continúa iluminando el camino hacia una vida más significativa y espiritualmente plena.

Uniendo la sabiduría antigua con la fe contemporánea

La Biblia ortodoxa etíope es un ejemplo profundo de cómo las enseñanzas antiguas pueden guiar e inspirar las prácticas de fe contemporáneas. Como una de las escrituras cristianas más antiguas, contiene sabiduría arraigada en la historia bíblica y, al mismo tiempo, sigue siendo profundamente relevante para los desafíos espirituales modernos. Esta combinación única de tradición antigua y orientación práctica ha permitido a la Iglesia Ortodoxa Etíope preservar su herencia y al mismo tiempo abordar las necesidades cambiantes de los creyentes en el mundo actual.

La Biblia ortodoxa etíope proporciona una base para comprender la continuidad del pacto de Dios con la humanidad. Las narrativas de la creación, los patriarcas, los profetas y la vida de Cristo están profundamente entretejidas en la vida diaria de los cristianos ortodoxos etíopes. Estas historias antiguas no se consideran distantes o ajenas a la vida moderna, sino como lecciones vivas que demuestran la presencia y guía inquebrantable de Dios a través del tiempo. Al reflexionar sobre estos relatos, los creyentes encuentran seguridad de que las promesas de Dios siguen siendo relevantes para abordar sus luchas personales y comunitarias hoy.

Una forma en que la Biblia ortodoxa etíope une las enseñanzas antiguas con la fe moderna es a través de sus tradiciones litúrgicas. Las Escrituras son fundamentales para la adoración, donde las antiguas prácticas de lectura de las Escrituras, cantos y oración continúan guiando a los creyentes. Por ejemplo, se cantan pasajes de los Salmos durante los servicios diarios y semanales, conectando a los fieles con las oraciones del rey David y otras figuras bíblicas. Estos himnos antiguos resuenan entre los adoradores modernos, ayudándolos a expresar emociones como la alegría, la gratitud y el arrepentimiento de maneras que trascienden generaciones.

La Biblia también proporciona orientación ética y moral que se aplica a los desafíos tanto históricos como contemporáneos. Las enseñanzas sobre la justicia, la bondad, la humildad y la integridad tienen sus raíces en sus mandamientos y parábolas. Para los creyentes modernos, estas lecciones son un recordatorio de que valores como la honestidad y la compasión son eternos y esenciales. Historias como la del Buen Samaritano enfatizan la importancia del amor y el servicio a los demás, ofreciendo ejemplos claros de cómo vivir fielmente en un mundo que a menudo promueve el individualismo y la división.

La Biblia ortodoxa etíope enfatiza el valor de la comunidad, que continúa desempeñando un papel central en las prácticas religiosas modernas. Las enseñanzas de la Biblia alientan a los creyentes a apoyarse unos a otros, celebrar juntos y resolver conflictos pacíficamente. Las comunidades ortodoxas etíopes modernas se basan en estas enseñanzas para mantener fuertes vínculos comunitarios, especialmente en tiempos de crisis o transición. Celebraciones como la Fiesta de Timket, que conmemora el bautismo de Cristo, están impregnadas de tradiciones antiguas y al mismo tiempo sirven como oportunidades para que los creyentes reafirmen su fe y unidad en el presente.

El ayuno y la oración, tal como se prescriben en la Biblia, son otro ejemplo de cómo la sabiduría antigua continúa dando forma a las prácticas de fe modernas. La Iglesia Ortodoxa Etíope tiene un calendario de ayuno riguroso que se alinea con los principios bíblicos de autodisciplina y enfoque espiritual. Para los creyentes contemporáneos, estos períodos de ayuno son tiempos de reflexión, arrepentimiento y renovación. Unen las enseñanzas de los profetas y apóstoles con las necesidades espirituales de las personas de hoy, ofreciendo una manera de reconectarse con Dios y realinear sus vidas con Su voluntad.

La Biblia ortodoxa etíope también tiende un puente entre la fe antigua y la moderna al enfatizar la integración de la fe en la vida diaria. Las enseñanzas bíblicas guían las decisiones sobre el trabajo, la familia y las responsabilidades sociales, asegurando que la espiritualidad no se limite a los servicios de la iglesia sino que impregne todos los aspectos de la vida. Este enfoque holístico ayuda a los creyentes a navegar por las complejidades del mundo moderno mientras se mantienen firmes en sus valores espirituales.

Las enseñanzas de la Biblia sobre el perdón y la reconciliación son particularmente significativas para abordar los conflictos y desafíos modernos. Las antiguas lecciones sobre el perdón, como la parábola del hijo pródigo, inspiran a los creyentes a practicar la misericordia y la comprensión en sus relaciones. Estos principios se aplican en entornos contemporáneos, ya sea para resolver disputas personales o promover la paz en las comunidades. Al fomentar un espíritu de reconciliación, la Biblia ortodoxa etíope continúa brindando caminos hacia la curación y la unidad en la sociedad actual.

La Biblia también anima a los creyentes a ver el sufrimiento y las pruebas como oportunidades para el crecimiento espiritual. Las historias de personajes bíblicos como Job y Pablo demuestran cómo la fe puede fortalecerse mediante la perseverancia y la confianza en Dios. Los creyentes modernos recurren a estos ejemplos para encontrar esperanza y significado en sus propias luchas, entendiendo que las dificultades no son el final sino parte de su viaje hacia una mayor fe y sabiduría.

La Biblia ortodoxa etíope aborda la importancia de cuidar la creación, un mensaje que resuena fuertemente con las preocupaciones modernas sobre la gestión ambiental. Las antiguas enseñanzas sobre el respeto a la Tierra como creación de Dios se aplican a los esfuerzos contemporáneos para proteger y preservar el medio ambiente. Estos principios alientan a los creyentes a actuar responsablemente en el uso de los recursos y a reconocer el significado espiritual de la naturaleza.

Otra forma en que la Biblia ortodoxa etíope tiende un puente entre el pasado y el presente es a través de su inclusión y énfasis en la humanidad compartida. Las historias y enseñanzas contenidas en sus páginas reflejan la unidad de todas las personas bajo Dios, trascendiendo las fronteras culturales y temporales. Este mensaje es especialmente relevante en el mundo interconectado de hoy, donde la comprensión y la cooperación entre diversos grupos son esenciales. La tradición ortodoxa etíope, con su rica mezcla de herencia bíblica y cultura africana, sirve como modelo para abrazar la diversidad manteniendo al mismo tiempo una fuerte identidad espiritual.

La Biblia también sirve como fuente de inspiración para la creatividad y la expresión en las prácticas de fe modernas. Sus narrativas y enseñanzas influyen en el arte, la música y la literatura dentro de la comunidad ortodoxa etíope, brindando a los creyentes formas de comprometerse con su fe a un nivel más profundo. Estas expresiones creativas conectan las antiguas historias de las Escrituras con las experiencias vividas por las personas hoy en día, haciendo que las enseñanzas de la Biblia sean más accesibles y identificables.

En las prácticas religiosas modernas, la Biblia ortodoxa etíope sigue siendo una fuente de fortaleza y guía, que une la sabiduría del pasado con las necesidades del presente. Sus enseñanzas sobre fe, moralidad, comunidad y crecimiento personal continúan inspirando a los creyentes a vivir vidas que honren a Dios y sirvan a los demás. Al preservar sus antiguas tradiciones y al mismo tiempo abordar los desafíos contemporáneos, la Biblia ortodoxa etíope demuestra la perdurable relevancia de la palabra de Dios en un mundo que cambia rápidamente. Ofrece una base eterna para el crecimiento espiritual y un rayo de esperanza para las generaciones venideras.

CONCLUSIÓN

La Biblia ortodoxa etíope como fuente universal de fe y sabiduría

La Biblia ortodoxa etíope es un tesoro profundo que contiene verdades eternas, sabiduría espiritual y significado cultural. Arraigado en una de las primeras tradiciones cristianas, no es sólo un texto sagrado para los creyentes ortodoxos etíopes sino también un regalo para el mundo. Sus enseñanzas, historia y preservación reflejan una dedicación a la fe y una profunda conexión con Dios que trasciende el tiempo y el lugar.

Esta Biblia contiene un rico legado que habla de las necesidades espirituales de la humanidad. Su canon único, con libros que no se encuentran en muchas otras tradiciones, proporciona información sobre el mundo cristiano primitivo y preserva enseñanzas que enriquecen la comprensión. A través de sus historias, oraciones y leyes, invita a todas las personas a descubrir su relación con Dios y los valores compartidos de amor, justicia y compasión.

La profundidad espiritual de la Biblia ortodoxa etíope reside en su capacidad para guiar a los creyentes en su vida diaria y en su viaje hacia Dios. Sus enseñanzas no se limitan a la teología abstracta, sino que deben ser vividas y experimentadas. Piden bondad, humildad y una fe firme en todas las circunstancias. Esta sabiduría práctica resuena universalmente y ofrece orientación a quienes buscan respuestas tanto en momentos de alegría como de dificultad. Al meditar en sus pasajes, los lectores pueden descubrir verdades que hablan directamente a sus corazones y los inspiran a vivir con propósito e integridad.

El legado cultural de esta Biblia es igualmente notable. Ha dado forma al arte, la música y la arquitectura de Etiopía de maneras que continúan cautivando e inspirando. Desde la vibrante iconografía que da vida a las historias bíblicas hasta las iglesias de intrincado diseño que reflejan devoción y habilidad, la Biblia ortodoxa etíope ha dejado una marca indeleble en la creatividad humana. También preserva las tradiciones orales y la literatura que mantienen vivas las enseñanzas antiguas de manera que conectan a las generaciones.

Más allá de Etiopía, este texto sagrado sirve como puente hacia la comunidad cristiana mundial. Recuerda a los creyentes las raíces compartidas de su fe y la unidad que se encuentra al adorar al mismo Dios. En los diálogos ecuménicos y las discusiones teológicas, la Biblia ortodoxa etíope ofrece perspectivas que enriquecen la comprensión y fomentan las conexiones entre las tradiciones. Es un símbolo de la diversidad dentro del cristianismo y del llamado común a servir a Dios y a la humanidad.

Para quienes no están familiarizados con sus enseñanzas, la Biblia ortodoxa etíope es una invitación a explorar una herencia espiritual que es a la vez antigua y viva en la actualidad. Alienta a los lectores a buscar su sabiduría con la mente y el corazón abiertos, a reflexionar sobre sus lecciones y a encontrar inspiración para sus propios caminos de fe. Ya sea a través de sus historias de esperanza, su guía sobre la vida moral o su descripción del amor infinito de Dios, esta Biblia le habla a todo aquel que esté dispuesto a escuchar.

Al abrazar la Biblia ortodoxa etíope, tanto las personas como las comunidades pueden encontrar una fuente de fe, sabiduría y riqueza cultural que tiene el poder de transformar vidas. Su mensaje es universal, su relevancia perdura y su legado es un recordatorio de las formas profundas en que la palabra de Dios continúa dando forma al mundo.